U0101633

卷六 論語問目答范鵬

問：一貫宗旨，聖學之樞紐也。諸儒舊説，牽率甚多。先生一舉而空之。願聞其詳。

答：一貫之説，不須注疏，但讀《中庸》，便是注疏。一者，誠也。天地一誠而已矣，其爲物不貳，則其生物不測。維天之命，於穆不已，天地之一以貫之者也。誠者，非自成己而已也，所以成物也。成己，仁也。成物，知也。性之德也，合外内之道也。故時措之宜也，聖人之一以貫之者也。忠恕違道不遠，施諸己而不願，亦勿施於人，學者之一以貫之者也。其謂聖人不輕以此告弟子，故唯曾子得聞之，次之則子貢。而畢竟曾子深信，子貢尚不能無疑。蓋曾子從行入，子貢從知入。子貢而下，遂無一得豫者，則頗不然。子貢之遜於曾子，固矣。然哀公，下劣之主也，子之告之，則曰：『天下之達道五，達德三，所以行之者一也。』又曰：『凡爲天下國家有九經，所以行之者一也。』一以行之，即一以貫之也。哀公尚得聞此奥旨，曾謂七十子不如哀公乎？其謂子貢自知入，不如曾子自行入，則以多學而識之問，原主乎知。然此亦未可以槩子貢之生平而遽貶之，觀其問一言而可以終身行，則非但從事於知者矣。聖人告之以恕，則忠在其中矣，亦豈但子貢哉？仲弓問仁，子之告之，不出乎此。『出門如見大賓，使民如承大祭』，敬也，即忠也；不欲勿施，恕也。曾謂七十子更無聞此者乎？故萬物一太極，一物一太極，一本萬殊，一實萬分，諸儒之説，支附葉連，其文繁而其理轉晦，而不知在《中庸》已大揭其義也。蓋聖人於是，未嘗不盡人教之，而能知而蹈之者則希。惟曾子則大醇，而授之子思，卒闡其旨，以成《中庸》，是三世授受之淵源也。誰謂聖人秘其説者，是故仲孫何忌問於顔子，一言而有益於知，顔子答曰：『莫如豫。』一言而有益於仁，顔子曰：『莫如恕。』然則不特孔子以告哀公也，曾謂七十子不如仲孫乎？

問：臧文仲居蔡之説，古注與朱注異，近人多是古注，然朱注豈無所見，究當安從？

答：據漢人之説，則居蔡是僭諸侯之禮，山節藻棁是僭天子宗廟之禮以飾其居。如此，則已是二不知，不應槩以作虛器罪之，曰一不知也。但臧孫居蔡，非私置也，蓋世爲魯國守蔡之大夫。《家語》不云乎，文仲一年而爲一兆，武仲一年而爲二兆，孺子一年而爲三兆。是世官也。然則臧孫居蔡，何僭之有？昔武王以封父之繁弱封伯禽。繁弱者，弓也，而或以爲即蔡之别名，其説見於陸農師之注《明堂位》。則是蔡一名僂句，又一名繁弱，其所由來者遠矣。故武仲奔防，納蔡求後，以其爲國寶也，則以大夫不藏龜之罪加臧孫，恐其笑人不讀《左傳》與《家語》也。乃若山節藻棁，實係天子之廟飾，管仲僭用以飾其居，雜記諸篇載之，不一而足，而臧孫未必然者。蓋臺門反坫，朱紘鏤簋，出自夷吾之奢汰，不足爲怪。而臧孫則儉人也，天下豈有以天子之廟飾自居，而使妾織蒲於其中者？蓋亦不相稱之甚矣，吾故知其必無此也。然則山節藻棁將何施？曰施之於居蔡也，所謂媚神以邀福也。是固横渠先生之説，而朱子采之者，今

世之自以爲熟於漢學，沾沾焉騰其喙者弗思耳矣。錢塘王大令志伊，經師之良也，雅以愚説爲然。

問：《禮器》『甘受和，白受采』，是一説。《考工》『繪畫之事後素功』，又是一説。古注於《論語》『繪事後素』，引《考工》，不引《禮器》。其解《考工》，亦引《論語》。至楊文靖公解《論語》，始引《禮器》。而朱子合而引之，即以《考工》之説，爲《禮器》之説，近人多非之。未知作何折衷？

答：《論語》之説，正與《禮器》相合。蓋《論語》之素，乃素地，非素功也，謂有其質而後可文也。何以知之？即孔子借以解詩而知之。夫巧笑美目，是素地也，有此而後可加粉黛、簪珥、衣裳之飾，是猶之繪事也，所謂絢也，故曰繪事後於素也。而因之以悟禮，則忠信其素地也，節文度數之飾，是猶之繪事也，所謂絢也，豈不了了。若《考工》所云，則素功，非素地也，謂繪事五采，而素功乃其中之一，蓋施粉之采也。粉易於污，故必俟諸采既施而加之，是之

謂後，然則與《論語》絶不相蒙。夫巧笑美目，豈亦粉黛諸飾中之一乎？抑亦巧笑美目出於人工乎？且巧笑美目，反出於粉黛諸飾之後乎？此其説必不可通者也。而欲參其説於禮，則忠信亦節文中之一乎？忠信亦出於人爲乎？且忠信反出節文之後乎？五尺童子，啞然笑矣。龜山知其非也，故别引《禮器》以釋之，此乃真注疏也。朱子既是龜山之説，而仍兼引《考工》之文，則誤矣。然朱子誤解《考工》，卻不誤解《論語》，芟此一句，便可釋然。若如古注，則誤解《論語》矣。朱子之誤，亦有所本，蓋出於鄭宗顔之解《考工》。宗顔又本之荆公，蓋不知《論語》與《禮器》之爲一説，《考工》之又别爲一説也。若至毛西河喜攻朱子，嘵嘵强詞，是則不足深詰也。

問：商正建丑，《三統曆》之明文也。《史記·歷書·索隱》則曰『商建子』，是異聞也，古人更無言及此者。然其實一大疑案，願決之。

答：《索隱》曰：『古曆者，謂黃帝調曆以前，有《上元》《太初》等，皆以建寅爲正，謂之孟春。及顓頊、夏禹，亦以建寅爲正。惟黃帝、殷、周、魯，並建子爲正，而秦人建亥，漢初因之，至元封七年，始仍用周正。』《索隱》此言，本之《晉書》董巴《曆議》。巴曰：『湯作殷曆，弗復以正月朔旦立春爲節，更用十一月朔旦冬至爲元首，下至周、魯及漢，皆從其節。』按巴所言乃曆初，非歲首也，而《索隱》則誤解巴語，以爲殷亦建子。蓋古人於歲首，則有建子、建丑、建寅之别，謂之『三統』，而曆初，則非子即寅，故或即用歲首爲曆初，如黃帝及周之用子，顓頊及夏之用寅是也。或曆初不同於歲首，如殷是也。《唐書》一行《日度議》曰：『顓帝曆，上元正月，辰初，合朔，皆直艮維之首。殷曆更以十一月冬至爲上元。』此治曆也。三統並用，此明時也。是則曆初、歲首，分而言之，了然可曉者。曹魏明帝時，欲改地正。楊偉議曰：『漢《太初曆》以寅月爲歲首，以子月爲曆初。今改正朔，宜以丑月爲歲首，子月爲曆初。』是又董巴之言所自出也。蓋『三統』之中可用丑者，以其爲分辰之所紐，所謂斗振天而進，則律始於黃鐘；日違天而退，則度始於星紀。斯丑之所以成統也。

若定曆，則必以奇數爲始，以一陽則用子，以四時之首則用寅，而丑則無所憑以爲部也。是亦義之易曉者也。《索隱》乃以曆初即爲歲首，則失矣。漢初承秦用《顓頊曆》，則用寅；或曰用殷曆，則是用子。今《索隱》曰『秦建亥而漢因之』，則又謬矣。秦以亥爲歲首，不能以亥爲曆初也。

問：顔淵少孔子三十歲，及三十二歲卒，則是孔子之六十二歲，而哀公之六年也。是年孔子厄於陳、蔡之間，顔淵尚有問答。或者即以是年死，然孔子尚在陳，或曰已反於衛，要之不在魯可知矣。然則謂顔淵道死，則孔子殮之，其父何由請車爲槨？如謂先歸於魯而死，則顔路何由越國而請之子，且門人厚葬，又何由請之子？孔子以哀公十一年返魯，顔路何由越國而饋祥肉？皆可疑也。而更有異者，伯魚以孔子十九歲生，其卒也年五十，則是孔子之六十八歲，返魯之歲，而哀公之十一年也。顔淵死於五年之前，而曰『鯉也死』，何與？王肅謂《史記》所紀弟子之年，世遠難信，是已。而又以『鯉也死』，爲虚設之詞，得無謬乎？是不可解也。先生旁搜遠覽，必有以釋後人之疑。

答：孔門弟子之年，《史記》《家語》，互有不同，則王肅以爲世遠難信者是也。如梁鱣在《史記》少孔子二十九歲，《家語》則曰三十九歲；季羔在《史記》少三十歲，《家語》則曰四十歲；言游在《史記》少四十五歲，《家語》則曰三十五歲；樊須在《史記》少三十六歲，《家語》則曰四十六歲；子賤在《史記》少三十九歲，《家語》則曰四十九歲，今本《家語》無『九』字。大抵『二』『三』『四』之間多誤，蓋古人『四』字，亦用重畫，故與『二』『三』易混。《家語》後出，或疑其非古本，多依《史記》，然終亦難定其孰是也。故愚疑顔子少孔子四十歲，則於『鯉也死』之言合。孔子七十三歲而卒，或云七十四，或云七十二。然則顔淵之死，亦與兩楹之夢不遠。至王肅以爲虚設之詞，則其謬了然易見也。

問：向意顔淵之死，後於伯魚，而先於子路。故子貢曰：『昔者夫子於顔淵，如喪子而無服，喪子路亦然。』今如先生之言，則似又後於子路也。顏淵死，孔子及食其祥肉，則似非即夫子卒之年。

答：子路卒於孔子七十一歲，若以顏子少孔子四十歲計之，誠後一年。《公羊傳》於獲麟之年，牽連書喪予、祝予之慟，亦先顏而後仲。此不過偶然參錯，然要之二子之死，相去不遠。至孔子以四月己丑卒，即謂七十二，亦何必不及見顏淵之祥祭也，況安知其非七十三也。

問：寧武子爲莊子嗣，莊子之卒在成公時，則武子未嘗仕於文公之世，而朱子爲邦有道屬文公。閻百詩、陸稼書引《左傳》，謂其時列國父子，並時在朝者甚多：如欒武子將中軍，而黶如魯乞師，鍼爲車右；范文子佐中軍，而匄爲公族大夫；韓獻子將下軍，而無忌爲公族大夫；季武子爲司徒，而公鉏爲左宰。則必武子當文公之世，已爲大夫。乃毛西河又詆之，必欲以朱子爲非。幸決之。

答：朱子謂武子之仕，當文公、成公之間，原非謂武子之爲卿在文公時。春秋世卿之子，當其父在而有見者，不止於百詩所引也。城濮之役，先軫將中軍，而且居有功；陳文子當崔杼時，其子無宇已使楚；孟獻子當國，速已帥師禦齊；魏獻子滅羊舌氏，用其子戊；宋華氏南里之亂，正以父子兄弟同朝不睦；孟懿子晚年，洩將右師。凡如此者，不可以更僕數也。唯是武子之事文公，其於《左氏》無所見，則或謂有道，亦祇就成公之世，無事之時，優游朝宁，未嘗不可。要之此等無關大義，西河志在攻朱子，必從而爲之辭，以騰頰舌，此又可以不必詰也。

問：《史記·世家》謂孔子自大司空爲大司寇，攝行相事。考之周制，司寇乃司空之兼官，而司徒即相也。故符子曰：『孔子爲司徒。』但魯司空爲孟孫，司徒爲季孫，孔子何由而代之？故或云孔子不過爲小司寇耳，不過爲夾谷之相耳，原未嘗爲卿，原未嘗攝相事。史公據傳聞而誤紀之。有諸？

答：史公紀事之失固多，獨此一節，未可遽非。言孔子但當以小司寇仕魯者，始於崔靈恩。至以夾谷之相，當是攝相，則係近人毛奇齡之言。然皆未詳於春秋之事也。春秋諸侯之國，並不止三卿。宋之六卿，尚可曰二王之後也；晉之六卿，尚可曰三軍各有副也；至於鄭之細，亦備六卿；雖魯亦然。是故羽父請殺桓公，將以求太宰，雖以後不見於傳，然要之非三卿可定矣。且季氏世爲上卿，而武子之嗣爲上卿，在孟獻子既卒之後。武子之請作三軍，叔孫穆子曰『政將及子』，以其時獻子已老也。然則季文子卒，獻子實爲上卿。獻子卒，而武子始代之也。武子既卒，平子嗣卿，而叔孫昭子以三命爲政。昭二年，平子惡其居己上，是昭子實爲上卿。昭子卒，而平子始代之也。然則三桓序次，亦非一定而不移者。且魯公族之與三桓共爲卿者，前有臧氏、東門氏，凡五卿。自仲嬰齊卒，而東門氏失卿。武仲出奔，而臧氏失卿。然而又有叔氏爲卿，則四卿。唯是力能分公室者，則祇三桓，是其中之差別耳。蓋卿不止於三，而軍止於三，三桓掌而有之，故力分公室。如謂魯以三卿止，而三桓之外無卿，則誤矣。若春秋之相，亦復何嘗之有。齊有天子之守國、高，而管仲以仲父當國。晉之枋國者乃中軍，而陽處父以太傅易諸帥。宋則以左右二師長六官，楚則令尹之外有莫敖，是亦幾幾乎如後世三省二府之制，不以一人限之者。故即以魯言，歷相四君者季文子，而僖公時則臧文仲，文公時則東門襄仲，宣公時則臧宣叔，成公時則孟獻子，皆與文子同掌國政。然則他國之別立官制者固不必言，而魯亦非專以司徒一人行相事也。

至於夾谷之相，則正孔子爲卿之證。春秋時，所重者莫如相。凡得相其君而行者，非卿不出，是以十二公之中，自僖而下，其相君者皆三家。文公三年如晉，則叔孫莊叔相；十三年如晉，則季文子相；成公四年如晉，亦季文子相；九年會於蒲，亦季文子相；十年朝王，則孟獻子相；襄公四年朝晉，亦孟獻子相；十年會伐鄭，則季武子相；二十八年如楚，則叔孫穆子相；昭公七年如楚，則孟僖子相；哀十七年會於蒙，則孟武伯相：皆卿也。魯之卿，非公室不得任，而是時以陽虎諸人之亂，孔子遂由庶姓當國。夾谷之會，三家方拱手以聽，孔子儼然得充其選。當時齊方欲使魯，以甲車三百乘從其征行，若魯以微者爲相，其有不招責言者乎？是破格而用之者也。且使孔子不得當國，而乃隳三都，張公室，是乃小臣而妄豫大事，有乖於『不在其位，不謀其政』之訓，又必非聖人之所出也。蓋必拘牽成説，而不博考夫遺文，則大司空與相，固當爲三家之所據，而司寇又當爲臧氏之世掌者，孔子將無一官可居，不亦昧與？

問：侯國三卿，司徒爲上，司馬次之，司空爲下。朱子以解季、孟之間。然則齊景公將以叔孫氏待孔子也，又何必曰『季、孟之間』？先生謂春秋列卿次序，亦有不拘成格者，請明示之。

答：是本孔《注》之説。但考春秋之世，三卿次第亦無常。故如季文子爲上卿，而孟獻子受三命，則同爲上卿。及文子卒，武子列於獻子之下，叔孫昭子受三命，則亦以上卿先於季平子，是以命數論也。如王命同，則司徒爲上，而司空班在第三，是以官論也。其當國執政，則又不盡然。如齊有命卿國、高，管仲乃下卿而相，是以賢也。叔孫昭子雖三命，而終不能抑季氏，是以權也。故齊景所云『季、孟之間』，非以三卿之序言。三桓之大宗在季氏，而友有再定閔、僖之功，行父又歷相宣、成，故最強。孟氏於三桓本庶長，而慶父、叔牙皆負罪，故孟、叔二氏，其禮之遜於季者，不一而足。及敖之與茲，則茲無過，而敖以荒淫，幾斬其世，若非穀與難二賢子，孟氏幾不可支。故是時孟氏遜於叔氏。及獻子以大賢振起，遂與文子共當國，而僑如爲亂，叔氏之勢始替。自是以後，孟氏之權，亞於季而駕於叔。蓋其始本以重德，及其後，遂成世卿甲乙一定之序。故劉康公曰：『叔孫之位，不若季、孟。』而僑如亦自曰：『魯之有季、孟，猶晉之有欒、范。』試觀四分公室，舍中軍，則季氏將左師，孟氏將右師，而叔孫氏自爲軍，是三桓之勢，季一孟二，不可墨守下卿之説而輕之也。是則『季、孟之間』之説也。

問：然則淳于髠謂孟子居三卿之中，蔡氏即以司徒三卿解之，是耶，否耶？

七國時，似無此三卿也。

答：豈特七國時無三卿，十二諸侯時亦多改易，如宋以二王後有六卿，而別置左師、右師等官參之。晉則六軍置帥與佐，即以爲卿。楚則令尹、莫敖、司馬，而太宰反屬散寮。鄭、衛亦不用周制。以齊言之，國、高之官無明文，及崔、慶則以右相、左相當國。何況孟子之世，七國官制尤草草。《國策》中，唯魏曾有司徒之官一見，亦不足信。大抵三卿者，指上卿、亞卿、下卿而言，但未嘗有司徒等名。樂毅初入燕，乃亞卿，是其證也。或曰一卿是相，一卿是將，其一爲客卿，而上下本無定員，亦通。若蔡氏之言，非也。

問：孔子不答問陳，明日遂行，在陳絶糧，而《史記》系之哀公六年。計自去衛之後即如陳，已而如蔡，已而如葉，已而自葉反蔡，復在陳，始有是厄，則與《論語》不合。信《史記》，固不如信《論語》也。然以陳、蔡追隨之弟子考之，游、夏之年皆尚未踰十五，則以爲遂在去衛之年，亦難從矣。先生何以定之？

答：是在前輩宿儒皆不能定也。推排諸子之年，似當在哀公六年。或者本別爲一章，而其章首有脱文，失去子字，亦未可必，所當闕之。

問：陳、蔡以兵圍子，朱子疑以陳、蔡方服於楚，豈有昭王欲用之，而陳、蔡敢出此者？故定以爲哀公二年去衛之時。仁山則以爲蔡已兩屬於吴，陳亦非竟臣楚者。或有之，或曰絶糧在先，以兵圍之又一事也。其言誰是？

答：朱子是而仁山非也。當時楚正與陳睦，而蔡則已全屬吴，遷於州來，與陳遠。是所謂如蔡者，非新遷之蔡，乃故蔡，孔子欲如楚，故入其地也。蔡已非國，安得有大夫乎？且陳事楚，蔡事吴，則仇國矣，安得二國之大夫合謀乎？且哀公六年，吴志在滅陳，故楚大興師以救之，卜戰不吉，卜退不吉，楚昭至誓死以救之。陳之仗楚何如，感楚何如，而敢圍其所用之人乎？即如所云陳、蔡大夫圍之，使子貢如楚以兵迎，始得免。是時楚昭在陳，何必使子貢如楚？而楚果迎孔子，信宿可至，孔子何以終不得一見楚昭？而其所迎之兵，中道而聞子西之沮，又竟棄孔子而去，則皆情理之必無者。古史謂孔子曾見楚昭，亦無據。且楚昭旋卒於陳，則孔子又嘗入楚乎？故朱子之疑之是也。惟是朱子以爲在哀公二年，則於游、夏之年皆不合，故其事似當在六年。孔安國注以爲陳人被兵絶糧，則於情爲近。乃知陳、蔡大夫兵圍之説，蓋《史記》之妄也。然安國被兵絶糧之説則是，而以爲自宋適陳即遭此厄，則先於哀公二年，是又誤矣。蓋哀元年，吴亦伐陳，故安國因之而誤也。總之當厄應在六年，《史記》之時之可信者也。絶糧則以陳之被兵，孔《注》之事之可信者也。參伍求之，而其所不可信者置之可矣。若謂絶糧是一次，以兵圍又一次，則尤屬謬語，不足詰。

問：齊桓、晉文正譎之案，已經夫子論定矣。而先生謂桓、文事，亦宜有各爲剖析者，乞示之。

答：聖人去春秋時近，所見聞必詳，不僅如今日所據止區區《三傳》也。若但以區區《三傳》，則齊桓極有可貶，不當以聖人之言，遂謂高於晉文，此亦論世者所不可不知也。王子頽之亂，衛人助逆，王室大擾，桓公已圖霸，前後一十二年，讓鄭厲公之討賊納王，坐視而不之問。又八年，天子特賜桓公命，請以伐衛，桓公乃不得已以兵伐之。衛人敢於抗師，而桓公不校，竟受賂而還。曾是一匡天下之方伯，而出此，以視晉文之甫經得國，即討太叔，豈不有光於齊十倍？故嘗謂齊桓攘楚之功，自純門救鄭始；親魯之功，自落姑始。而於是存三亡國，首止定世子，寧母之拒鄭子華，葵丘之會，謝賜胙則守禮，讀載書則束牲，浸浸乎賢方伯矣。聖人之許之，或自其中葉以後，否則别有所據，要之其初年未可恕也。若晉文之才，高於齊桓，特以暮年返國，心迫桑榆，又適當楚勢鴟張，中原崩潰之日；齊桓一死，而其子已疊遭楚侮，非急有以攘之不可，故多方設機械以創之。以爲譎，誠所難辭。而又不久而薨，不若齊桓之長年，其志未申。若使多享遐算，其從容糾合，示大信於諸侯，亦必有可觀者。至於請隧、召王，固是兩大過，然正見霸者本色。要之晉文之功在討賊，齊桓之功在九合不以兵車，皆其最大節目。至於正譎之間，則不過彼善於此。

問：『固天縱之』，吾丈句讀甚新，但果何出？幸詳示其所自。

答：此本漢應仲遠《風俗通》。亡友史雪汀最賞其説。蓋多能本不足言聖，亦有聖而不多能者。大宰不足以知聖，故有此言。子貢則本末並到，故曰『固天縱之』，兼該一切，將聖而又多能也，則將字又字俱圓融，此突過前人者。

問：竹垞據漢隸，分門人、弟子而爲二。近日李穆堂侍郎本之，而吾丈不以爲然。願聞其説。

答：東漢《泰山都尉孔伷碑陰》，既有弟子，復有門生。歐陽兖公以爲受業於弟子者，爲門生也。考《後漢書·賈逵傳》：『顯宗拜逵所選弟子及門生爲千乘王國郎。』《鄭玄傳》：諸門生相與譔所答弟子問，作《鄭志》。則門生之於弟子，確然不同。但據楊士勛《穀梁疏》曰『門生，同門後生』，則是一堂之中，不過年數輩行略有區別。所稱弟子云者，如後世三舍之有齋長，而非如兖公所云也。至經傳所云門人，則《禮記》鄭《注》以爲即弟子，而竹垞誤引兖公之語，欲以爲門生之受業於弟子者。愚質之《檀弓》《家語》以及《史記》《漢書》，更無一合。即以《論》《孟》言之，已多傅會。鼓瑟之不敬，疾病之爲臣，安見其爲子路弟子也？厚葬之請，安見其爲顔子弟子也？一貫之問，安見其爲曾子弟子也？治任之入揖，安見其爲子貢弟子也？以上數條，注疏中亦間有如此者，不足信。祗問交之門人，可言子夏弟子，但果爾，則門人正弟子也。何也？是章非對孔子而言也。《家語》七十弟子中有懸亶，祀典疑爲鄡單之訛而闕之，今乃據唐《廣韻》注，以爲是門人也，置之私淑之列，不亦妄乎？蓋惟衮公之説，本難盡信，故劉孝標《世説注》：『服虔欲治《春秋》，聞崔烈方集門生講傳，乃匿姓名，爲烈門人賃作食。』臧榮緒《晉史》：『王褒門人爲縣所役，褒謂令曰：「爲門生來送别。」』是門人可與門生互稱之證也。門人即弟子，則門生亦非私淑，可以了然。而《穀梁疏》之言信矣。竹垞一時之失，未可宗也。

問：坫制，在賈公彥《儀禮疏》中，不甚了了。邢叔明《爾雅疏》差爲得之，而終未能剖晰詳審。願質之函丈。

答：坫本有三：《爾雅》垝謂之坫，古文作襜，是乃以堂隅言，郭景純所謂端也。至許叔重以爲屏墻，則又是一坫。其累土以庋物者，又是一坫。而累土庋物之坫又有三：有兩楹之間之坫，即《明堂位》所云『反坫出尊』，及《論語》之『反坫』也。蓋兩君之好，用之庋爵者。《鄉飲酒禮》，尊在房户間；《燕禮》，尊在東楹之西。至兩君爲好，則必於兩楹之間，而特置坫以反之。有堂下之坫，乃《明堂》所云『崇坫』也，蓋用之庋圭者。何以知庋圭之坫在堂下？《覲禮》，侯氏入門奠圭，則在堂下矣。惟在堂下，故稍崇之。有房中之坫，即《内則》閣食之制也。士於坫，康成謂士卑，不得作閣，但於房中爲坫，以庋食也。然則同一累土之坫，而庋爵、庋圭，尊者用之；庋食，則卑者用之。方密之曰：『凡累土庋物者，皆得曰坫。』是也。堂隅之坫亦有二：《士虞禮》，苴茅之制僎於西坫。《士冠禮》，執冠者待於西坫南。蓋近於奧者，故謂之西坫。《既夕》記設棜於東堂下，南順，齊于坫。是近於窔者，則東坫也。至屏墻之坫，亦曰『反坫』，而其義又不同，《郊特牲》所云『臺門旅樹反坫』是也。是乃以外向爲反。黄東發曰：『如今世院司，臺門内立墻之例』，是正所謂屏墻也。蓋反坫與出尊相連，是反爵，反坫與臺門旅樹相連，是屏墻之反向於外者。《郊特牲》所云，乃大夫宫室之僭。《論語》所云，乃燕會之僭。而東發疑《論語》之反坫，與上塞門相連，恐皆是宫室之事，不當以坫之反爲爵之反，則又不然。蓋反坫出尊，正與兩君之好相合。禮各有當，不必以《郊特牲》之反坫，强并於《論語》之反坫也。賈氏不知坫有三者之分，又不知累土之坫亦有三者，而漫以爲累土之坫爲專在廟中，則既謬矣。又誤以豐爲坫，不知豐用木，坫用土；豐形如豆，故字從豆，坫以土，故字從土，不可合而爲一也。至《周書》『既立五宫，咸有四阿反坫』，注以四阿爲外向之室，則反坫者，亦屏墻也。再考《廣韻》，則葬埋之禮不備而攢塗權厝，亦謂之坫。是又在諸經之外者，蓋亦取於累土之意。

問：令尹子文、陳文子事，皆不見《左傳》，故先生以爲傳聞之詞。但子文之仕與已，畢竟當有可考。又謂子文自可以言忠，而文子并不可以言清。此其中必有至理，非僅考據而已。願聞其說。

答：三仕三已，當時又多以爲孫叔敖事，一見於《史記·孫叔敖傳》，再見於《鄒陽傳》，而子文事亦見《國語》，故知其爲傳聞之難信者。然孫叔實一爲令尹而已，而子文亦未嘗三爲令尹。子文於莊公三十年爲令尹，至僖公二十三年讓於子玉，凡在位二十八年。子玉死，蔿吕臣繼之，子上又繼之，大孫伯又繼之，成嘉又繼之。是後，楚之令尹不見於《左傳》。文公十二年子越之亂，追紀曰：『令尹子文卒，鬬般爲令尹。』則意者成嘉之後，子文嘗再起爲令尹。而仁山先生以爲子上之後者，誤也。子上死，即有商臣之變，使子文是時在位，豈尚可以言忠？然則子文爲令尹者再，其初以讓人，其後卒於位，原無所謂罷黜也。乃必欲求合於三仕之説，因謂子玉、蔿吕臣、子上之間，子文或曾以太宰執政而代其缺。不知楚之執政，令尹而下唯司馬，又有莫敖，其下則左尹、右尹，左、右司馬，而太宰尚亞之，非執政。子文并未罷黜，不至降爲太宰，仁山何所據而定之？且春秋之世，國老致政，仍得與聞大事，如知罃之稟韓厥，子産之奉子皮，葉公之退居於葉亦然。然則子文不爲令尹，其班資更在令尹之上，故圍宋之役，子文先治兵，而後子玉再治兵，其證也。仁山在宋儒中，考古最精，而於此事則失之。要之子文治楚，其功最大，楚之功臣，莫能先之。惟誤用子玉，是一失着。及再起時，《左傳》雖不載其事，然時值晉霸之衰，楚勢甚盛，蓋亦多出其力，特不知大義，故不可以爲仁。而於楚則自是宗臣也。至若陳文子之本末，則大不可問。崔杼弑君，文子實早知之，見於《左傳》。是時崔、慶雖强，然文子亦甚爲莊公所用，父子皆被任使。而文子陰陽其間，與聞弑逆之謀，絶無一言，坐待禍作。無論其出奔之事，不知果否，即有之，而不久遽返，仍比肩崔、慶之間，覬其亡而竊政，可謂清者乎？其後此父子相商，得慶氏之木百車，而戒以慎守，何清之有？是又絶不可與蘧伯玉之出近關者同語也。蓋陳之大也，成於桓子，而肇基者文子。熟看《左氏》，踪跡自見。誅其心，直不可謂之清。而聖人第就子張所問而論之，不及其他，忠厚論人之法也。若論世者，又不可以爲其所欺也。

問：中牟之地，見於《左傳》，見於《論語》，見於《史記》《漢志》《水經》，而卒無定在。乞示之。

答：中牟有二：其一爲晉之中牟，三卿未分晉時已屬趙；其一爲鄭之中牟，三卿既分晉後，鄭附於韓，當屬韓。臣瓚以爲屬魏者，非也。《左傳》所云中牟，晉之中牟也，即《史記》趙氏所都也。《漢志》所云中牟，則鄭之中牟也。而班氏誤以趙都當之，故臣瓚詰其非，以爲趙都當在漯水之上，杜預亦以滎陽之中牟回遠，非趙都。其説本了然。道元強護《班志》，謂魏徙大梁，趙之南界至於浮水，無妨兼有鄭之中牟。不知終七國之世，趙地不至滎陽，而獻子定都時，魏人未徙大梁，則其説之妄，不待深究。且鄭之中牟，並不與浮水接，其謬甚矣。惟是臣瓚以爲趙之中牟，當在漯水之上，則孔穎達亦闕之，以爲不知何所。

案據小司馬，但言當在河北，而終不能明指其地。張守節則以湯陰之牟山當之。按《左傳》趙鞅伐衛，遂圍中牟，是正佛肸據邑以叛之時，則晉之中牟與衛接，其地當在夷儀、五鹿左右。顧祖禹曰：「湯陰縣西五十里有中牟城，所謂河北之中牟也。」按湯陰縣有中牟山，三卿所居皆重地，韓氏之平陽，魏氏之安邑是也。趙氏之所重在晉陽，而都在中牟，則其險亦可知。不知何以自是而後，中牟之名，絶不見於史傳。鄭之中牟，至漢始得名。其前乎此，絶不聞有中牟之名，《班志》不審而誤綴之，酈《注》亦強主之。僕校《水經·渠水篇》，始略爲疏證而得之。

趙氏分國，其險固自在晉陽，而富盛則數邯鄲。至於控扼河北，則中牟亦一都會，蓋有漳水之固，與鄴相連。河北之險莫如鄴，次之即中牟，是要地也。須知古人定都之所，必非草草也。

《管子》：「五鹿、中牟、鄴，皆桓公所築，以衛諸夏。」嘗考此三邑者，皆狄人所以窺中夏之路。是時狄患方殷，故桓公築此三邑以爲扞城。晉、衛二國，皆以此禦狄也。

三卿分晉，魏得鄴，全有漳水之險，故其後趙以中牟予魏，易其浮水之地，取其地界相連也。《國策》『樓緩以中牟反入梁』，《史記》『趙悼襄王元年，魏欲通平邑中牟之道不成』，則又嘗歸趙。及末年，魏人以鄴予趙，中牟之復歸於趙，不待言矣。

問：謝文節公疊山謂：『武王之立祿父，仍使之爲殷王，盡有商畿内之地，與周並立，而命三叔以監之，其位號如故也。斯興滅繼絶之心，故伯夷雖采薇西山，見周之能悔過遷善，雖死無怨。而孔子曰「求仁而得仁又何怨」。武庚既死，始降王而爲公，以封微子。故《書序》曰「成王既黜殷命」。』疊山自言此説得之韓澗泉之《論語解》，其説甚新，未知如何？

答：是説也，穆堂閣學最賞之，以爲足徵千古之謬。然愚未敢以爲然。澗泉之書今不傳，若疊山之取之，則固有爲言之，不必深校其事之果然與否也。

民無二王，使武王果不欲絶殷命，何不立微子，而已仍以西伯事之乎？向亦嘗以是言正之閣學，以爲此等皆新説，不可解經也。

問：鄭東谷謂孔子教孟孫以『無違』，謂無違僖子之命而學禮也。斯近世毛西河之説所自出，疑亦可從。

答：朱子之説，自屬是時凡爲大夫者之明戒，其義該備。東谷之説亦可從，但校狹耳。

問：鄭東谷曰『塞門反坫』，必桓公以管仲有大功，而賜以邦君之禮。舉國之人，皆以爲仲所當得，而仲亦晏然受之，所以特名其器之小。不然，仲方以禮信正桓公，豈自爲是乎？

答：東谷之言甚工，然亦未必。伯者君臣，大抵守禮於外，犯禮於内。桓公受胙，不以王止其拜而必下拜，禮也；庭燎之事，則居然行之矣。管仲辭王上卿之燕，禮也，塞門等事則居然行之矣。果守禮，則雖君強賜之，亦不受也。

問：「水火吾見蹈而死，未見蹈仁而死。」東谷以爲畏仁甚於畏水火，如何？

答：《集注》之説，自「民非水火不生活」來；東谷之説，自「避水火」來。東谷似直捷，然《集注》不欲薄待斯民，則勝矣。蓋古注馬融之説，《集注》所本；王弼之説，東谷所本。

問：「微子去之」，東谷以爲去而之其國也。是否？

答：微子先抱祭器歸周之説自安，東谷説是也。其後武王克殷，微子來見，復其位，亦即復其所封微國之位。及武庚誅，始移而封之宋。徐闇公不知復位之即爲復其微國，故疑以爲微子若與武庚同在故都，安得武庚反時，絶無異同之迹，而因以爲未嘗有來歸復位之事，則又非也。微在東平之壽張，春秋時屬魯，所謂郿也。《水經》載有微子之冢，微子兄弟，終身不稱宋公，而微子反葬於其先王所封之地，其忠盛矣。

問：冉子爲子華之母請粟，或以爲伯牛，蓋以《尸子》數孔門「六侍」，曰「節小物，伯牛侍」，此其證也。然否？

答：是屈翁山之言也。所引《尸子》雖佳，然《檀弓》伯高之喪，孔氏使者未至，冉求束帛乘馬而將之，亦足以爲是事之證，則無以定其爲伯牛也。《論語》稱「子」者，自曾、閔有三子外，惟冉求，則以稱「子」之例校之，終未必是伯牛也。

問：王厚齋云：「《史記·仲尼弟子》：顔高，字子驕。定八年《傳》：「公侵齊，門於陽州，士皆坐列，曰：顔高之弓六鈞。皆取而傳觀之。陽州人出，顔高奪人弱弓，籍丘子鉏擊之，與一人俱斃。」豈即斯人與？《家語》作顔刻。《孔子世家》：「過匡，顔刻爲僕。古者文武同方，冉有用矛，樊遲爲右，有若與微虎之宵攻，則顏高以挽強名，無足怪也。」』先生昨數七十二弟子卒於夫子之前者，何以不及顏高？是必有説。

答：厚齋先生考古最覈，獨是條稍不審。按孔門之顏高，少孔子五十歲，見於《家語》。然則生於定公之八年。陽州之役，蓋别是一顏高也。獨是《史記》《家語》之年，亦多不可信者，亞聖與伯魚之死，其年至今莫能定，況其餘乎？若以少孔子五十歲計之，過匡之歲，定公之十四年也，顏高亦止七歲耳。凡此皆無從審正矣。惟是不問其生之年，但以其死，定八年斃陽州，而何以十四年尚能御孔子以過匡，是則厚齋之疎也已。

卷七　大學中庸孟子問目答盧鎬 附爾雅

問：「其次致曲」，謂善端發見之偏者。先儒謂至誠所發，亦祇是曲，但無待於致耳。其説然否？

答：此朱子之説也，而寔未合。至誠未嘗無所致，但所致者非曲。蓋至誠得天最厚，未發則渾然天命之中，中豈可以謂之曲？已發則油然率性之和，和豈可以謂之曲？故至誠雖未嘗廢人事，而致中也，非致曲也；致和也，非致曲也。其次，未能合乎中、和之全量，則必用功於所發以溯其所存。故其中之所存既有偏，而其和之所發亦有偏，則謂之曲。若至誠之所發，可以謂之端，不可以謂之曲。朱子遂以「曲」字當「端」字，是未定之説也。觀其章句曰「善端發見之偏」，則亦不竟以端目之矣。故愚謂致曲者，即其次之所以致和也。蓋致中之功，難以遽施，則必先致和。然必先致曲而後能致和，致和而漸進於致中，斯其次復性之功，所謂自明而誠者也。

問：七十二家格物之説，令末學窮老絶氣不能盡舉其異同。至於以「物」即「物有本末」之「物」，此説最明了。蓋物有本末，先其本，則不逐其末；後其末，則亦不遺其末。可謂盡善之説。而陸清獻公非之，何也？

答：以其爲王心齋之説也。心齋非朱學，故言朱學者詆之。心齋是説，乃其自得之言，蓋心齋不甚考古也，而不知元儒黎立武早言之。黎之學，私淑於謝艮齋，謝與朱子同時，而其學出於郭兼山，則是亦程門之緒言也。朱子《或問》雖未嘗直指爲物有本末之物，然其曰以其至切而近者言之，則心之爲物，實主於身；次而及於身之所具，則有口鼻、耳目、四肢之用；又次而及於身之所接，則有君臣、父子、夫婦、長幼、朋友之常。外而至於人，遠而至於物，極其大，則天地古今之變，盡於小，則一塵一息。是即所謂身以内之物曰心、曰意、曰知，身以外之物曰家、曰國、曰天下也。蓋語物而返身，至於心、意、知，即身而推，至於家、國、天下，更何一物之遺者？而況先格其本，後格其末，則自無馳心荒遠，與夫一切玩物喪志之病。程子所謂不必盡窮天下之物者，其義已交相發，而但以一物不知爲恥者，適成其爲陶宏景之説也。故心齋論學，未必皆醇，而其言格物，則最不可易。蕺山先生亦主之。清獻之不以爲然，特門户之見耳。總之，格物之學，《論語》皆詳之。即以讀《詩》言之：『《詩》三百，一言以蔽之，曰思無邪』，格物之學在身心者；『誦詩三百，授之以政』，格物之學及於家國天下者；事父、事君，格物之大者；多識於鳥獸草木，格物之小者。夫程子謂一草一木，亦所當格，後儒議之，而陽明以格竹子七日致病矣，然不知多識亦聖人之教也。蓋聖人又嘗曰『多聞闕疑，多見闕殆』矣。又曰『不知爲不知』矣。程子亦嘗有曰『不必盡窮天下之物』矣。參而觀之，則草木鳥獸之留心，正非屑屑於無物之不知，而如陽明所云也。是則格物之説，可互觀而不礙也。

問：《禮》云『昭穆以序長幼』，則是序昭穆時，已序齒矣。蓋昭與昭齒，未有不序及群昭之長幼而溷列之者；穆與穆齒，未有不序及群穆之長幼而溷列之者。然則又何以更待燕毛也？蔡文成謂序昭穆時，必亦序爵。其説雖於禮無所徵，然容有之。蓋序昭穆而又序爵，則又不能盡序齒者，故直至燕毛而後得序之。然否？

答：善哉問也。序昭穆，則即序齒。而其中義例尚多，故不能純乎序齒。文成於《三禮》之學未深，故語焉而不詳。蓋序昭穆，非漫取昭穆而序之，必先序宗法。假如伯禽以周公之後稱大宗，蔡、衛以下俱屬焉。諸國之子孫，雖有長於魯者，弗敢先也，其何以序齒？又必序族屬之遠近。假如太王之昭再傳，其與文王之昭，兄弟也。文王之昭再傳，其與成王之昭，兄弟也。然而各有一族，則各爲一列，近者先，遠者後，《祭統》所謂『親疏之殺』是也，其何以序齒？兼以王人雖微，列於諸侯之上，則畿内之公卿大夫士，序於五服公侯伯子男之上，是宰周公雖係周公之支屬，而反序於魯君之上，其何以序齒？是皆文成所未及也。然則序昭穆之中，其條目極多，故必別有序齒之法，向來無人理會及此。

問：西河謂燕毛亦兼異姓，殊爲異聞。然否？

答：是妄言也。蓋誤讀《祭統》而爲此說。《祭統》：「尸飲五而後君以瑤爵獻卿，尸飲七而後君以玉爵獻大夫，尸飲九而後君以散爵獻士及群有司，皆以齒。」是乃九獻時賜爵之禮。注疏家謂本主序爵，爵同則序齒，是固兼有異姓，然所及止於内諸侯，而外諸侯不與焉。由是加爵既畢，則行旅酬，外諸侯亦豫矣。然而皆兼有異姓，則總之非燕私之禮也。直至既徹，而後異姓之賓退，則歸之俎，同姓則燕。其說明見《楚茨》之詩。

問：朱子謂序齒之中，擇一人爲上座，不與衆齒。然否？

答：朱子之學極博，其說必有所出。今考之不得，是必齒最長而德與爵又最尊者，前惟召公、畢公，後惟衛之武公，足以當之。不然，恐亦不過依齒爲序而已。

問：「天下國家可均」，謝石林觀察之說甚佳。然則朱子竟以「平治」二字

詁之，得無過與？

答：「均」字，亦祇得詁爲「平治」。要之「平治」自有分際。管仲之分四鄉，須軍令，是用強國。子産之正封洫，定廬井，是用弱國。俱說不到時雍於變地位，故但曰「可均」。朱子亦未嘗說到「平治」極處。

問：「身有所忿懥」諸語，吴季子、薛敬軒之說，先生皆以爲未盡。願詳示一通，以入講録。

答：是章乃誠意以後觀心之功，而諸儒言之皆淺，謂有所忿懥，則必有不當怒而怒者；有所恐懼，則必有不必畏而畏者。薛敬軒亦云然。夫不遷怒，亦是難事，然進而上之，則雖所當怒，而疾之已甚；雖所當畏，而過有戒心，便是不得其正。必須補此一層，於義始完。吴季子之說更粗，其謂好樂不得其正，如好貨、好色、樂驕、樂樂、佚游；憂患不得其正，如憂貧、患得、患失。此豈是誠意以後節目？蓋本屬可好可樂之事，而嗜之過事，則溺；本屬當憂當懼

之事，而慮之太深，則困。如此，方是官街上錯路也。

問：《大學》『《楚書》』，本無專指，故康成注引《春秋外傳·楚語》王孫圉事，復引《新序》昭奚恤事，以並證之。朱子但指《楚語》，必有意，而方朴山以爲非。未知誰是？

答：朱子之去取是也。《新序》《説苑》，並出劉向之手，然最譌謬，大抵道聽塗説，移東就西。其於時代、人地，俱所不考。嘗謂古今稱善校書者莫如向，然其實粗疏，不足依據。即如此條，明是蹈襲王孫圉之事，而稍改其面目，然又舛錯四出。夫昭奚恤乃春秋以後人，以《國策》《史記》考之，大抵當楚宣王時。而是條所指葉公子高、令尹子西，則昭王時人；若司馬子反，則共王時人；至大宗子敖，則其人從無所見。乃昭奚恤皆與之同班列，其妄甚矣。況昭氏出於昭王，今乃得與昭王之祖、共王之臣比肩，是則真妄人所造也。又參之章懷《後漢·李膺傳注》所引，大宗作太宰，子敖作子方，而太宰子方，在春秋之世亦無其人。及觀《李固傳》所上疏曰『秦欲謀楚，王孫圉設壇西門，陳列名臣，秦使懼然爲之罷兵。』則又笑曰：『劉向以王孫圉之事移之昭奚恤，而此又以昭奚恤之事還之王孫圉，真所謂展轉傳譌者。』試令攻朱子之徒，博考而平心以質之，將何説以處此？』《新序》《説苑》之誤，不可勝詰，其顯然者，晉文公與欒武子同時，晉平公與舅犯同時，晉靈公與荀息同時，介之推與孔子同時，楚共王與申侯同時，楚屈建與石乞同時，而樂王鮒亦與葉公同時。又甚者以城濮之師屬之楚平王。乃攻朱子者，欲奉此以爲異聞，疏矣。

問：《楚語》：『惠王以梁與魯陽文子。』韋注：『文子，司馬子期之子。』而不見於《內傳》，不知即淮南所云魯陽文子否？所謂梁者，何地？

答：是時有三梁：曰少梁，曰大梁，皆非楚地；曰南梁，則惠王之所與也。《內傳》所謂『襲梁及霍』，即其地也。酈道元曰：『春秋周小邑也，於戰國爲南梁。』蓋周之南，楚之北也。其地尚有魯公陂、魯公水，又謂之陽人聚，秦遷東周君之地。然則本周地，是時已入楚。但淮南所稱魯陽文子與韓戰，麾戈挽日，是時安得有韓？諸子故多誕妄，不足信也。子期之子，見於《内傳》者二：曰寬，曰平。

問：『其爲氣也，配義與道，無是餒也。』朱子謂義無氣則餒，行有不慊於心則餒。朱子謂氣無義則餒，呂忠公大愚不然其説，而朱子力闢之。然考之程子，則無是餒也，便是氣無義以爲配則餒，故必有事於集義，是即忠公之説也，何以朱子不從也？如程、呂，則上下文本一氣；如朱子，則是兩扇。義無氣則餒，是别有養氣之功。氣無義則餒，是雖善養而仍須集義，得無失之支乎？願求明教。

答：程、呂之言是也。自有生之初而言，氣本義之所融結而成，渾然一物，並無事於言配也。有生之後，不能無害，則義漸與氣漓而爲二，故必有事於義，使之與氣相配，是以人合天之説也。配義，則直養而無害矣，苟無是義，便無是氣，安能免於餒？然配義之功在集義。集者，聚於心，以待其氣之生也。曰生，

則知所謂配者，非合而有助之謂也，蓋氤氳而化之謂也。不能集而生之，而以襲而取之，則是外之也。襲則偶有合，仍有不合，而不慊於心，氣與義不相配，仍不免於餒矣。本自了然。不知朱子何以别爲一説，以爲必别有養氣之功，而後能配義，不然則義餒。又必有集義之功而後能養氣，不然則氣餒。是萬不可通者也。故三原王端毅公《石渠意見》非之，梨洲先生亦非之。

問：孔子之拜陽虎，孟子援『大夫有賜於士』之文釋之。朱子謂陽虎於魯爲大夫，孔子爲士，先儒疑焉。或謂陽虎當時枋政，雖陪臣而儼以大夫自居，聖人亦遜以應之。夫歌雍反坫，臺門旅樹，在當時之僭妄，固不足怪。況陽虎當逆節未萌時，已欲以璵璠葬季孫，不顧改玉之嫌，則其枋國，亦又何所忌憚。但陽虎即以此來，要之，聖人必無詘身避禍，如陳仲弓之於張讓者。非天子無所稽首，孟武伯且知之，豈孔子而反有愧焉？或以《周禮》除上大夫即正卿外，

尚有小司徒、小司馬諸大夫，而《左氏》有邑大夫、家大夫、屬大夫，《論語》有臣大夫。西河毛氏之説，以曲解陽虎之可稱大夫。然小宰以下諸官，乃副貳而非家臣，又皆以公族居之，如臧孫氏、施氏、子服氏之流。若家大夫、邑大夫輩，則雖冒大夫之名，而實則士，故必冠之曰家曰邑，又安得援大夫之例以臨士，而士亦竟俛首以大夫之禮答之者？敢問所安？

答：前説本漳浦蔡氏，後説本蕭山毛氏，皆非也。嘗考《小戴禮·玉藻篇》有云：『大夫親賜於士，士拜受，又拜於其室。』敵者不在，拜於其室，則是大夫有賜，無問在與不在，皆當往拜。若不得受而往拜者，是乃敵體之降禮。陽虎若以大夫之禮來，尚何事瞰亡，正惟以敵者之故，不得不出此苦心曲意。而乃謂其所行者爲大夫之故事，則不惟誣孔子，亦并寃陽虎也。或曰：然則《孟子》非與？曰：《孟子》七篇，所引《尚書》《論語》及諸禮文，互異者十之八九。古人援引文字，不必屑屑章句，而孟子爲甚，乃至汝、漢、淮、泗之水道，亦誤舉之。則此節禮文，或隨舉而偶遺，所以有失。要之，孔子所行者是《玉藻》，非如《孟子》所云也。若《孟子》下文謂『陽貨先，焉得不見』，亦未能發明孔子之意。蓋使陽貨以大夫之禮來，雖先不見也。孟子才高，於此等不無疏略耳。曾記明徐伯魯《禮記集註》中，微及此意而未盡，愚故爲之暢其説。

問：周公，弟也；管叔，兄也。邠卿謂周公以管叔爲弟，管叔以周公爲兄，而朱子更之。如邠卿，則似於《孟子》之文不順。但先生曰周公自是文王第四子，請言其詳。

答：太史公以周公爲行在第四，是管叔之弟，賈逵以爲行在第七，則并是蔡、霍二叔之弟。邠卿以爲行在第三，則是管叔之兄。賈逵所據，蓋《左傳》富辰所次文昭之序。但富辰之言，似是錯舉，非有先後。如謂實有先後，則畢公在十亂之中，毛叔亦奉牧野明水之役，而均少於康叔聃季，萬不可信。況如富辰之序，是蔡、郕、霍，皆周公兄。皐鼬之盟，魯、衛均在，但聞蔡争長於衛，何以不聞争長於魯？是又了然者也。然則賈逵之説，不問而知其非。若史公之與邪卿，諒必各有所據。然史公與《孟子》合，朱子所以從之。而《荀子》亦以管叔爲兄，則邪卿恐非矣。

問：《漢書・古今人表》，以顔濁鄒爲顔涿聚，而孫《疏》以顔讐由爲顔濁鄒。其説誰是？

答：濁鄒，子路妻兄，見《史記・孔子世家》。《索隱》疑其與《孟子》不合。其實無所爲不合也。《孔叢子》言讐由善事親，其後有非罪之執，子路哀金以贖之，或疑其私於所昵，而孔子白其不然，則於妻兄有證。是讐由即濁鄒，孫《疏》之言是也。孔子在衛，主伯玉，亦主讐由，則讐由之賢，亞於伯玉，因東道之誼而列於門墻，固其宜也。至涿聚，則齊人也。《吕覽》言其少爲梁父大盜，而卒受業於孔子，得爲名士，亦見《莊子》。然則於衛之讐由無豫矣。涿聚死事於齊，見《左傳》犁丘之役。然則顔涿聚者，顔庚也，非濁鄒也。張守節附會以字音，更不足信。

問：黎洲黄氏謂夷羿簒逆之罪滔天，何暇屑屑校其師弟之罪，況有窮死於寒浞，非逢蒙也。蓋古司射之官多名羿，逢蒙所殺，别是一人，非夷羿。然否？

答：孟子不過就所傳聞論之，不必及其簒弑也。古司射之官多名羿，誠有此説。然謂有窮死於寒浞，以是知其非逢蒙，則又不然。王逸注《楚辭》曰：『羿田將歸，寒促使逢蒙射殺之。』非明證與？《左傳》曰『寒浞使家衆』，蓋亦指逢蒙也。況後世如王莽、司馬昭、劉裕之徒，豈必手自操刃者？此等皆所謂無關大義，不足深考者。黄氏之學極博，是言蓋本之吴斗南，然亦有好爲立異之失，不可不知也。

問：孟子弟子，宋政和中以程振之請，贈爵一十八人，皆本趙《注》、孫《疏》，乃滕更明有在門之文，即趙《注》亦曰『學於孟子』，而祀典遺之。朱子僅取一十三人，又去其五。願聞其説。

答：樂正子、萬章、公孫丑、孟仲子、陳臻、充虞、徐辟、陳代、彭更、公都子、咸邱蒙、屋廬子、桃應，趙《注》、孫《疏》、朱《注》所同也。季孫、子叔、高子，趙《注》、孫《疏》所同，而朱《注》不以爲然。浩生不害、盆成括，本不見於趙《注》，但見於孫《疏》，而朱《注》亦不以爲然。朱《注》之去取是也。季孫、子叔，本非是時人，以爲季孫聞孟子之辭萬鍾而異之，子叔亦從而疑之，趙《注》之謬，未有甚於此者也。故相傳明世中曾經罷祀，而今孟廟仍列之，殆沿而未正與？以高子爲弟子，蓋以「山徑茅塞」之語，似乎師戒其弟，故以爲學他術而不終。然《小弁》之言，孟子稱之爲叟，則非弟子矣。經典序録有高行子，乃子夏之弟子，厚齋王氏謂即高子，則亦恐非弟子矣。告子名不害，趙《注》以爲嘗學於孟子者，若浩生不害，則趙《注》本曰齊人，未嘗以爲告子。孫《疏》疑以爲告子，而浩生其字，不害其名。夫浩生不害，固非告子，即告子，亦恐非孟氏弟子，孫《疏》特漫言之，不知祀典何以竟合爲一，是則謬之尤者。至盆成括，則在孫《疏》，亦但言其欲學於孟子，非質言其爲及門也。元吳萊作《孟氏弟子列傳》一十九人，則似仍政和祀典之目，而增之以滕更。其增之可也，仍列此五人者，則泥古之過也。今孟廟且以子叔爲子叔疑，則是據朱《注》而增趙《注》，又謬中之謬也。

問：然則先生以告子爲公孫龍子之師者，何據？

答：是東萊先生之説，而厚齋引入《漢書藝文志疏證》者也。蓋以其白羽、白雪、白玉、白人、白馬之問答也，孟子殆以其矛刺其盾也。

問：告子名不害，見趙《注》，厚齋又曰告子名勝。誰是？

答：告子名不害，亦見《國策注》。而《文選》引《墨子》，則又曰告子勝。或有二名，否則其一爲字也。

問：事親從兄之道，孟子以括仁、義、知、禮、樂五德。朱子於禮，則曰「節之密」；於樂，則曰「樂之深」；似原未嘗以制作之禮樂言之。故蔡文成公謂足蹈手舞，不必泥在樂字說，衹是手足輕健之意。先生以爲不然，何也？

答：蔡氏之說，蓋求合乎朱子，不知其不合於孟子。古來聖人言語中，極言孝弟之量者，始於孔子。其論大舜，推原其大德受命之由，本於大孝；其論武周，推極於郊社禘嘗之禮樂，以爲達孝。曾子申之，以上老老，民興孝；上長長，民興弟，爲平天下之大道。有子申之，以孝弟則犯亂不作，爲仁之本。其言之廣狹，各有所當，而義則一。而最發明之者爲孟子，曰『人人親其親，長其長，而天下平』，曰『達之天下』，曰『堯、舜之道，孝弟而已』。而尤暢其說於是章，綜羅五德，至於制禮作樂之實，不外乎此。河間獻王采《樂記》，亦引孔子之言，以爲宗祀明堂，所以教孝；享三老五更於太學，冕而總干，執醬執爵，所以教弟，皆是章之疏證也。如此解節文，解手舞足蹈，方有實地。文成以爲舞蹈衹是手足輕健之意，則是不過布衣野人之孝弟耳。孟子意中卻不然，豈必究其極而言之，而後見孝弟之無所不包。若夫雖有其德，苟無其位，則一身一家之中，手舞足蹈之樂亦自在，而究未可以言禮樂之全量，是愚說足以包文成之說也，文成之說未足以包愚說也。況朱子亦未嘗謂禮樂衹就虛說也。

問：先生之說，令人豁然，乃知孝弟之至，通於神明。然非聖人在天子之位者，其於禮樂之實，總未能盡。故事親如曾子，孟子亦衹曰『可也』。然否？

答：孝弟之量，原未易造其極，故古今以來，所稱孝弟，不過至『知而弗去』一層，其於禮樂二層皆未到。便到得『知而弗去』一層，已是大難。假如尹伯奇《履霜之操》，尹伯封『彼黍』之詩，天然兄弟，兄則事親，弟則從兄，皆是賢者。然吉甫非竟頑父也，不能化而順之，終是本領不到。其餘如申生、急子、壽子、司馬牛、匡章，皆值父兄之變，甚者以身爲殉，不然者棄家蕉萃以終其身，其志節可哀。而使聖人處之，其節文之處，自有中道。諸君恐尚多未盡善處，是其於禮之實，尚待擬議，況樂乎？彼其繁寃悲怨，足以感動天地，然不足以語樂而生，生而至於舞蹈也，是非大舜不能也。故《孟子》下章即及舜之事親而天下化，蓋以類及之也。其安常履順而極其盛，則武、周矣。周公於管、蔡之難，非不值其變也。然其成文、武之德者大，破斧、缺斨之恫，不足以玷其『麟趾』『騶虞』之仁也。是則禮樂之極隆者也。然則曾子固尚未造乎此。

問：然則無位者之孝弟，至於曾、閔，尚未足盡禮樂之實耶？則三代以下，竟無足語此者矣。

答：曾、閔亦自是造得九分矣。曾子以皙爲之父，處其常，閔子乃處其變。然閔子竟能化其父母，大是不易，到此便是足蹈手舞地位。曾子之養志，便是惡可已，但校之聖人，或尚少差耳。

問：『遂有南陽』，按晉之南陽易曉，而齊之南陽，僅一見於《公羊傳》所云『高子將南陽之甲以城魯』，一見於《國策》所云『楚攻南陽』。閻百詩以爲泰山之陽，本是魯地，特久爲齊奪者，似得之。而先生以爲南陽即汶陽，其説果何所據？

答：此以《漢地志》及《水經》合之《左傳》，便自了然。蓋山南曰陽，是南陽所以得名也；水北曰陽，是汶陽所以得名也。春秋之世，齊、魯所争，莫如南陽。隱、桓之世，以許田易泰山之祊，是南陽尚屬魯。及莊公之末，則已似失之，故高子將南陽之甲以城魯。然僖公猶以汶陽之田賜季友，則尚未盡失，而《魯頌》之祝之以居嘗與許，嘗亦有南陽之境，蓋大半入齊矣。自成公以後，則盡失之。蓋汶水出泰山郡之萊蕪縣，西南過嬴縣，桓三年公會齊侯於嬴者也。又西南過牟縣，牟，故魯之附庸也。又東南流逕泰山，又東南流逕龜陰之田，即《左氏》定十年齊所歸也。又東南流逕明堂，又西南流逕徂來山，又南流逕陽關，即《左氏》襄十七年逆臧孫之地。又南逕博縣，即《左氏》哀十一年會吴伐博者也。又南逕龍鄉，即《左氏》成二年齊侯圍龍者也。又南逕梁父縣之菟裘城，《左氏》隱十一年所營也。又西南過剛縣，漢之剛，乃春秋之闡，其西南則汶陽之田。又西南則棘，《左氏》成三年所圍也。又西南爲遂，《左氏》莊十三年齊所滅也。又西南爲下讙，《左氏》桓三年齊侯送姜氏之地。又西南爲郕，則叔孫氏邑。又西南爲平陸，按《左氏》，鄆、讙、龜陰、陽關，皆齊、魯接境地。通而言之，皆汶陽之田，而皆在泰山之西南，汶水之北，則汶陽非即南陽乎？故慎子欲争南陽，亦志在復故土。孟子則責其不教民而用之耳。

問：『爲諸侯憂』，朱子以爲附庸之君，縣邑之長。古注以爲列國諸侯。梨洲黄氏主古注，若據本文，原不屬天子言，則與上節之『爲諸侯度』不同，似當以朱子爲是。

答：古注之説校勝。試觀僖公四年，桓公欲循海而歸，轅宣仲謂申侯曰：『師出於陳、鄭之間，供其資糧屝屨，國必甚病。』哀公時，吴爲黄池之會，過宋，欲殺其丈夫，囚其婦人。霸者之世，役小役弱，不可勝道，豈但徵百牢、索三百乘而已？朱子以附庸之君言之，則亦是列國諸侯之小者，其義可互備也。況春秋之晚，雖魯亦困於徵輸，願降而與邾、滕爲伍，而杞至自貶爲子，則其與附庸之君，相去不遠。愚故謂古注亦不甚異於朱子也。

問：社稷變置之説，邠卿但云『毁社稷而更置之』，則非更其神也。故朱子謂『毁其壇壝而更置之』，則與國君之變置不同。孫《疏》曰：『更立社稷之有功於民者。』其説異於本注，梨洲黄氏主之。當何所從？

答：當以孫《疏》爲是。蓋古人之加罰於社稷有三等，年不順成，八蜡不通，乃暫停其祭，是罰之輕者；又甚，則遷其壇壝之地，罰稍重矣；又甚，則更其配食之神，罰最重。然亦未嘗輕舉此禮。蓋變置至神示，所關重大，故自湯而後，罕有行者。嘗謂國家之於水旱，原恃乎我之所以格天者，而未嘗以人聽於神。陰陽不和，五行失序，於是有恒雨恒暘之咎，原不應於社稷之神是咎。且亦安知社稷之神，不將大有所懲創於國君而震動之，使有以知命之不常，天之難諶。而吾乃茫然於其警戒之所在，反以其跋扈之氣，責報於天，文過於己，是取滅亡之道也。乃若聖王則有之。聖王之於天地，其德相參，其道相配，而其自反者，已極盡而無憾，故湯之易稷是也。夫天人一氣也，在我非尸位，則在神爲溺職，雖黜之非過矣。然其所黜者，乃配食之神，而非其正神也。其正神，則無從易也，蓋先王所以設爲配食之禮，非但爲報始已也，正以天神地示，飛揚飄蕩，昭格爲難，必藉人鬼之素有功於此者，通其志氣。是故大之則爲五方之有五帝，而其下莫不有之。社以勾龍，稷以柱與棄是也。故梨洲謂郊祀配天，固是尊其祖父，而亦因其祖父之功德之大，足以與天相通，藉以達其感孚昭格之忱，此實有至理精意焉。然則社稷不能止水旱，又何咎之辭，但是可爲賢主道，而不可爲慢神之主道也。魯穆公暴巫焚尫，縣子尚以爲不可，況其進於此者？故孫《疏》變置之説是也，而未可輕言之也。《北夢瑣言》載潭州馬希聲以旱閉南嶽廟事，可爲慢神之戒。

問：厚齋援唐人李陽冰之説以證朱《注》，則似變置反以報社稷者，似非孟子所謂變置也。其説如何？

答：厚齋所引陽冰之事，得其半，失其半。按陽冰令縉雲，大旱，告於城隍之神，五日不雨，焚其廟，此乃行古禮也。及期，雨合霑足，陽冰乃與耆老吏民，自西谷遷廟於山巓，以答神休。此蓋因前此焚廟之禱，嫌其得罪於神而更新之，不爲罰而爲報，是亦變通古禮而得之者。厚齋於其未雨以前之事不序，則不足以證更置之罰矣。陳後山曰：『句容有盜，遷社稷而盜止。』是則足以證朱《注》者。

問：漢人以禹易社之配，宋人以契易稷之配，豈亦因水旱而有更置耶？其説安在？

答：是則妄作也，以禹配社猶可，以契則謬矣。商先公之有功水土者有冥，然可以配社，不可以配稷。

問：《左氏》昭十有六年，鄭大旱，使屠擊等有事於桑山，斬其木，不雨。子産曰：『有事於山，蓺山林也，而斬其木，其罪大矣。』奪之官邑。夫斬木，蓋亦變置之意也，而子産以爲非是。其説與《孟子》異，先生以爲若何？

答：斬木其實是古禮，即變置之意也。子産以爲非者，即愚所謂未可輕言之意。須知古人於此，自有斟酌，《雲漢》之詩曰『靡神不舉』，正與八蜡不通之説並行不悖，未有毅然以蔑絶明祀自任者。

問：陳仲子之生平，孟子極口詆之，《國策》中趙后亦詆之，厚齋王氏則又稱之。其説誰是？

答：厚齋先生之言是也。仲子若生春秋之世，便是長沮、桀溺、荷蕢、荷蓧、楚狂、晨門一流，然諸人遇孔子，則孔子欲化之。仲子遇孟子，則孟子力詆之，便是聖賢分際不同。須知仲子辭三公而灌園，豈是易事？孟子是用世者，乃伊尹之任一路上人，故七篇之中，不甚及隱士逸民，較之孔子之惓惓沮溺一輩，稍遜之矣。平情論之，若如孟子之譏仲子，以母不食，以兄不食，直是不孝不弟。然仲子豈真不食於母，不過不食於兄，其兄之蓋祿萬鍾，雖未知其爲何如人，然諒亦未必盡得於義，故仲子孑然長往。但觀其他日之歸，則於寢門之敬，亦未嘗竟絶，孟子責之過深矣。故厚齋謂其清風遠韻，視末世狗利苟得之徒如腐鼠，乃公允之論。若趙后何足以知此，彼第生於七國之時，所謂天子不臣、諸侯不友之士，不特目未之見，抑亦耳未之聞。而以爲帥民出於無用，亦豈知隱士逸民之有補於末俗，正在無用中得之也。愚非敢學先儒之疑孟，亦因都講之問，欲持其論之平耳。

問：宰我不死於舒州之難，先正辨之已悉。野處洪文敏公據『賢於堯、舜』之語，以爲當在孔子身後。閻潛丘極稱之，而吾丈以爲不然，何也？

答：謂宰我死於舒州之難，亦不害其爲賢者。蓋考《吕覽》《説苑》，則是宰我爲簡公死，非爲陳恒死，不過才未足以定亂耳。其死，較子路似反過之。《史記》誤以爲陳恒之黨，故曰孔子恥之。而《索隱》又以爲闞止之訛，則《春秋》同時同名之人，往往有之。晉有二士匄，魯有二顔高，齊有二賈舉，并同姓矣。何必舒州之難，死者不可有二宰我乎？蓋但當知宰我之所以死不必恥，則不必諱，若以『賢於堯、舜』之語，爲弟子稱頌其師，必當在身後，是則野人之言也。孔子之卒，高弟蓋多不在，如閔子、仲弓、漆雕開，皆絶不見，疑其已卒。而三年治任，入揖子貢，則是子貢之年最長。其長於子貢而尚在者，惟高柴，以哀十七年尚見於蒙之會。又冉有亦尚仕季氏。蓋皆以居官不在廬墓之列。宰我於《史記》《家語》不載其年，雖未知其長於子貢與否，然此後並無宰我出處蹤跡，則先死又何疑？要之，此等事去古遠，無足深考。潛丘之言，多見其迂。

問：孟子在宋，或以爲辟公時。吴禮部據《孟子》稱之爲王，以爲康王偃也。康王之暴，孟子何以肯見之，故亦有以爲辟公者。然恐以禮部之言爲是。

答：潛丘謂孟子去齊適宋，當周慎靚王之三十年，正康王改元之歲，宋始稱王是也。孟子不見諸侯，故問答止於梁、齊，小國則滕而已。雖曾游宋，而於康王無問答，則不足以定其見與否也。然所以游宋，則亦有故。蓋康王初年，亦嘗講行仁義之政，其臣如盈之，如不勝，議行什一，議去關市之徵，進居州以輔王，斯孟子所以往而受七十鎰之餽也。謂孟子在辟公時游宋，蓋是鮑彪其考古最疏略。

問：章子之事，見於《國策》，姚氏引《春秋後語》證之，所紀略同。吴禮部曰：『孟子以爲子父責善而不相遇，恐即此事。』然如《國策》所云，何以言責善？況在威王時，頗疑與孟子不相接。

答：章子見於《國策》，最早當威王時。據《國策》，威王使章子將而拒秦，威王念其母爲父所殺，埋於馬棧之下，謂曰：『全軍而還，必更葬將軍之母。』章子對曰：『臣非不能更葬母，臣之母，得罪臣之父，未教而死。臣葬母，是欲死父也，故不敢。』軍行，有言章子以兵降秦者三，威王不信。有司請之，王曰：『不欺死父，豈欺生君？』章子大勝秦而返。《國策》所述如此。然則所云責善，蓋必勸其父以弗爲已甚，而父不聽，遂不得近，此自是人倫大變，章子之黜妻屏子，非過也。然而孟子以爲賊恩，則何也？蓋章子自勝秦以前，所以處此事者，本不可以言過。然其勝秦而還，則王必葬其母矣。而章子之黜妻屏子，終身如故。是在章子，亦以惘母之至，不僅以一奉君命，得葬了事，未嘗非孝。而不知是則似於揚其父生前之過，自君子言之，以爲非中庸矣。故孟子亦未嘗竟許之，而究之矜其遇，諒其心。蓋章子自是至性孤行之士，晚近所不可得，雖所行未必盡合，而直不失爲孝子。如宋儒楊文靖公、張宣公言，則其貶章子有太過者。但章子之事，未必在威王之世，則誠如賢者所疑。威王未嘗與秦交兵，前此當秦之獻公，正所謂六國以戎狄擯秦之時，其後則孝公方有事於攻魏，故威王三十六年之中無秦師。齊、秦之鬬，在宣王時，而伐燕之役，將兵者正是章子，則恐其爲誤編於威王策中者。即不然，亦是威王末年。是否？

問：京山先生解《孟子》，謂陳侯，『周』非其名。按之《史記》，誠然。顧謂『周』者，忠也；司城，蓋因陳亡而殉者，陳之忠臣也。棃洲先生取其說，是否？

答：據《史記》，則陳侯固不名『周』。但《左傳》《史記》《世本》諸家所載諸侯之名，異同亦多。如《左傳》鄭子儀，在《史記》則曰子嬰；《左傳》鄭僖公髡頑，《史記》則曰惲，而小司馬又曰髡原；《史記》鄭武公掘突，譙周曰突滑；《左傳》宋景公欒，《史記》則曰頭曼，《漢書·古今人表》曰兜欒；《史記》宋王偃，《荀子》作獻。《漢書·律曆志》魯諸公名尤多殊，班氏以小字附於下，蓋多出《世本》，如此之類，不可悉舉。則安在陳侯名周，不又各有所本，可不必深考也。至京山訓『周』爲『忠』，歷證之《商書·太甲篇》《國風·都人士篇》《小雅·皇華篇》《左傳》《穀梁傳》《國語》，皆有之，則以『周』爲『忠』，正與下文觀所爲主相合，未嘗不可。但謂司城是殉陳而死者，不知何所見而言之，愚未敢信也。

問：陶山陸氏《埤雅》，亦新經宗派之一也。聞其尚有《爾雅新義》，又有《禮象》，大抵當與《埤雅》出入否？

答：《爾雅新義》，僕曾見之，惜未抄，今旁求不可得矣。《禮象》則未之見，竹垞以爲即是《埤雅》草稿。陶山在荆公門下，講經稍純。然如《埤雅》卷首，即謂荆公得龍睛，曾魯公得龍脊，則大是妄語，不知陶山何以有此也？

問：《爾雅·釋言》，律、遹，述也。郭《注》以爲敘述之辭。而邢《疏》曰『律管所以述氣』，則與郭《注》各是一説。

答：張南漪曰：『郭《注》是也。』律本是聿，誤作律。《堯典》『曰若』之『曰』，《注》：『曰，古與粵、越通。』《詩》『遹駿有聲』，《注》以爲與聿同。然則曰、粵、越、聿、遹，五字皆發語詞。郭《注》以爲敘述者是已。邢《疏》謬。《詩》『曰嬪于京』，郭《注》引之，亦作聿。

問：《爾雅》水自河出爲灉，漢爲潛，江爲沱，汝爲濆，淮爲滸，見於《尚書》與《詩》。而濟爲濋，汶爲瀾，洛爲波，渦爲洵，潁爲沙，更無所見，不知是何水？邢《疏》漏略不詳。

答：諸條皆見於《水經》，不知邢《疏》何以不及。但《水經》亦有不可盡信者，即諸書所言，亦多不合。河之爲灉，當在雷夏，而酈《注》兼以之解關中之雍，則謬也。若《説文》以灉爲汳水，亦非也。江之爲沱，《水經》兼載孟州之沱、荆州之沱。顧宛谿曰：『孟州之沱乃湔江。而湔爲蜀相開明所鑿，酈《注》明言之，非《禹貢》之沱矣。或又欲以成都内、外江當之，則二水爲秦守李冰所導，益非《禹貢》之沱矣。唯師古所指湖廣枝江之水，支分而後入大江者，可以當《禹貢》之沱。』宛谿之説甚覈，然則益州之沱，未有考也。漢爲潛，即《水經》之《涔水篇》，然亦尚有疑者，詳見愚所説《水經》中。淮爲滸，則『滸』者實水厓之通稱，不知何以專歸之淮，酈《注》以爲游水。汝爲濆，即濆水，非《河水篇》之濆水也。一名汾水，《毛傳》誤以曲防解之。然則雖其見於《尚書》與《詩》者，亦正未易了了也，而況其疏漏不詳者乎？乃若濟之爲濋，則道元以爲定陶氾水。汶之爲瀾，道元以爲岡縣闡亭之洸水，是亦以瀾之合於闡而言之。洛之爲波，道元以爲門水。潁之爲沙，道元以爲濦水。唯渦之爲洵，但引吕忱之詁，而無其地。氾水、洸水、門水，不知果否是《爾雅》所指與否？若沙水，則明是莨蕩渠水之一支，讀作蔡水，非濦水也。

問：沙之讀蔡，不但郭氏無注，邢氏無疏，而陸氏亦無音，先生果何所出乎？

答：見許氏《説文》，而《水經注》引之，即鴻溝也，《左傳》所謂沙汭也。《北魏書》有蔡水，即沙水。胡梅磵引《水經注》，亦通作蔡。郭氏偶失之耳。

問：「大山宮小山霍」，本連解作一句，宋晁補之作二句，竟對解之。自是晁氏之謬否？

答：古人似原有二種讀法。《水經注》第三十二卷《泚水篇》引《開山圖》「灊山圍繞小山曰霍」，而第四十卷「霍山」下亦引《爾雅》曰「大山宮小山曰霍」，斯郭氏之説也。然第三十九卷《廬江水篇》又引《爾雅》「大山曰宮」，則

晁氏之説矣，亦非無據也。

問：《論語》「蕭牆之内」，羅存齋《爾雅翼》以爲「取蕭祭脂」之蕭，其説甚怪，不知是否？

答：存齋《爾雅翼》極精，然是説則恐未然。蓋蕭牆是屏牆，舊人如鄭康成、劉熙皆指朝之屏，故以「肅」字解「蕭」字，亦有合於六書之旨。若存齋則指爲廟之屏，故以「取蕭」爲證，謂援神怒以怵季孫，則其説誕矣。

問：《爾雅·釋草》「鈎芺」，據《説文》則是重名，據《正義》則是二名。不知誰是？

答：《説文》「鈎芺」，一名「苦芺」，則是重名，邢《疏》誤也。

問：陶山、存齋，其於《爾雅》爲巨子，近世浮山堂《通雅》，以視二先生，

不知何如？

答：藥地不能審别僞書，故所引多無稽，且其《通雅》門例，亦非接二家之派者。

卷八　諸史問目答郭景兆

問：姜湛園論文，謂先秦以上，莫衰於《左傳》，而重振於《國策》。其説前人未及，豈《國策》反能出《左傳》之上？

答：是湛園好奇之言也。《左傳》所志多實事，二百四十年典章在焉。《國策》所志多浮言，大抵一從一横，皆有蹊逕，前後因襲。若就中實有義理可按，卓然關於世教，如輔果、絺疵之先見，豫讓之報知伯，匡章之不欺死父，信陵君之諫伐韓，魯連之卻秦，王孫賈之母，君王后之父，即墨大夫之告王建，李牧之枉死，吴起之對魏武，莫敖子華之對楚威，魯共公苑臺之對魏惠，莊辛之對楚項襄，不過十餘篇。而樂毅父子去國之詞，荀子之謝春申，亦庶乎可取。此外則虞卿、陳軫，尚略有可采，以其言雖不純，而一爲趙，一爲楚，較異於儀、秦之徒也。其餘令人一望生厭，何可與《左傳》比也？顔蠋、王斗二篇，亦或可節録，然已涉於夸矣。

問：齊宣王伐燕事，孟子所親見也，荀子亦親見，而以爲齊湣王。《國策》，在燕則宣王，在齊則湣王。《史記》以爲湣王，《通鑑》以爲宣王。吴禮部校《國策》，亦力主孟子。究竟誰是？

答：當以孟子爲是，但如此，則必須依《通鑑》增宣王之年十年，減湣王之年十年，然後可合。東萊《大事記》亦如此。蓋孟子所述，確是滅燕之役。東萊先生欲爲調停，謂宣王伐燕，乃指前此十城之役。夫所取十城，安得云倍地，又安得云置君？不可通也。唯是《史記·年表》固不足信，而《通鑑》亦是以意定之，非有所出，終屬疑案，非二千年後人所能懸決。

問：司馬穰苴，《國策》以爲湣王相，與《史記》異。

答：吴禮部曰：《大事記》引蘇氏謂史稱齊景公時，晉伐阿、甄，燕侵河上，晏子薦穰苴，殺莊賈，因以成功。《春秋左氏》無此事。意穰苴嘗爲閔王卻燕、晉，而《國策》妄以爲景公時。按史稱齊威王論次古兵法，附入穰苴，而《策》

以爲湣王相，故禮部主之。蓋景公時齊甚弱，欲奪晉霸而不能，欲禦吳侮而不克，則穰苴之傳謬矣。

問：《漢志》引《六國春秋》，或曰即《國策》，是否？

答：恐非也。《六國春秋》，當別是編年之書，而今不傳。《國策》之例，恐近《外傳》。蓋自哀公二十七年後，當有《六國春秋》一書，而後《楚漢春秋》繼之，然《七略》已不載是書，其亡久矣。太史公采《國策》，止九十三事，則其餘所采，或有在《六國春秋》中者，亦未可定也。

問：李牧之死，《國策》則極冤，《史記》則言其不受命，捕得斬之。二説迥異。《通鑑》主《史記》，東萊《大事記》主《國策》。誰從？

答：《趙策》中，此篇最足感動人，令讀者流涕。《史記》不知何以不用。吳禮部曰：『蓋因廉頗不受代事，而誤加之牧。』是也。須知牧既不受代，當時趙將誰復能捕之者？其妄明矣。第《趙策》中，前後污以司空馬之謬語，令雄文反減色。愚特芟去其前後，另爲一篇，其文曰：『韓倉惡武安君於趙王，王令人代武安君。至，使韓倉數之曰：「將軍戰勝，王觴將軍，將軍爲壽於前而捍匕首，當死。」武安君曰：「縪病鉤，身大臂短，不能及地，起居不敬，故使工人爲木材以接手。上若不信，縪請出示。」出之袖中，狀如振梱，纏之以布。韓倉曰：「受命於王，賜將軍死，不赦。臣不敢言。」武安君北面再拜賜死，縮劍將自誅，曰：「人臣不得自殺宮中。」過司馬門，趣甚疾，出門舉劍，臂短不能及，銜劍徵之於柱以自刺。武安君死五月，趙亡。』吳禮部曰：『譖李牧者，諸書皆言郭開，《策》文下篇亦然。但郭開即譖廉頗者，其與韓倉，必亦有差誤。』予謂或自郭開與韓倉比共陷牧，亦未可定也。要之忠貞恭順如牧，而以爲拒不受代而誅，則枉甚矣。

問：吳禮部校《國策》，亦有譏之者，其究若何？

答：禮部於是書甚勤密，遠過縉雲鮑氏本，其譏之者，明學究張一鯤之言也。惟是禮部婺學，故有尊信《大事記》過甚者。要之，其考據則得十之九，一鯤何足以知之？

問：田單晚年不見於史，吳禮部校《國策》，以爲避讒於趙。

答：是乃禮部發前人所未發，大略當不錯。不然，以安平之材，何以自攻狄之後，一無所見於齊？及其相趙，所立功亦甚少，而是後遂亦不見於趙，則安平之見幾保身，又不欲負其宗國，以爲人用，蓋遠出於時人之上。六國大臣，雖信陵君不能及矣。惟是襄王之悖不足論，君王后既聽政，任宗臣之野死而不返，亦何待乎王建而始亡也？

問：聊城之事，吳禮部主《國策》，非《史記》，不知誰是？

答：禮部所考定最審。

問：《國策》之事多難信，東萊呂氏固嘗言之。然如六國獻地於秦，自是實事，所以《通鑑》亦載焉。昨聞先生謂其中亦多漫語，何也？

答：秦所取六國之地，韓、魏最先，次之者楚，其後及趙，然所取者，必其爲秦之界上而後得有之。今《策》言張儀一出，趙以河間爲獻，燕以常山之尾五城爲獻，齊以魚鹽地三百里爲獻，非不識地理之言乎？河間、常山，秦亦何從得而有之，況齊人海右魚鹽之地乎？以秦之察，豈受此愚？又累言文信侯欲取趙河間以廣其封，文信封河南，當在韓、周之交，何從得通道於河間？吾不知作《策》者，何以東西南北之不諳，而爲此謬語也。

問：徐廣謂中山立於威烈王時，西周桓公之子，而先生以爲謬，願聞其說。

答：中山即是鮮虞，其種乃白狄。至春秋之末，已有中山之名。入七國，滅於魏而復興，卒并於趙。當春秋之末，晉尚無若中山何，而謂周能滅之而封宗室於其地，無是理也。然自徐廣、酈道元皆爲此言，莫有能正之者。要之，鮮虞未嘗爲晉滅，則西周桓公之子，安能封於其地？此易曉也。若《國策》謂中山君嘗爲楚伐而亡，則又屬野人之言。中山於楚，真風馬牛，楚雖強，不能越魏踰趙過代，而集矢於中山。故吴禮部但謂司馬子期非楚公子，以斥鮑氏之謬，而不知《策》文之本妄，中山必不受兵於楚也。如《策》文所云『羊羹』，蓋襲華元之事；所云『壺飡』，蓋襲趙盾之事，本附會也。中山亡於魏，魏使太子擊守之，其後不知何以復立。蓋中山去魏遠，魏終不能有之，是以失守。而《策》述趙桓子之謀，以爲中山復立之故，亦非也。《魏世家》惠王二十八年，中山君相魏，小司馬以爲是即中山之復立者，恐非也。是時中山蓋尚屬魏，故其君入爲相，如孟嘗君之相齊耳。若謂是復立之中山，則不應舍其國而相魏也。要之，中山復立之年，當在魏王二十八年之後。

問：平原君料白起、廉頗之長，其文極可喜，今但見於漢嚴尤《三將序》《春秋後語》二書，亦屬後世所無，而諸傳記引之者。先生以爲《國策》有之，何所據？

答：見章懷《後漢書·列傳》第八卷《注》中。

問：《河渠書》歷序春秋以後諸侯變更水道之詳，班氏《溝洫志》亦引之，乃古今川瀆大掌故。而小顏、小司馬，俱未及詳箋，願縷晰之。其曰禹疏九川，『自是之後，滎陽下引河東南爲鴻溝，以通宋、鄭、陳、蔡、曹、衛，與濟、汝、淮、泗會』，是跨豫、徐、荆三州之界，源流若何？

答：鴻溝，即《地理志》所云狼湯渠，《水經注》作莨蕩渠，《通典》作浪宕渠，一也。《志》曰：『河南郡滎陽有狼湯渠，首受濟水，東南至陳入潁。』即《水經注》之《渠水篇》也，是鴻溝之經流。《志》曰：『陳留郡陳留縣魯渠水，首受狼湯渠水，東至陽夏入渦渠。』即《水經注·渠水篇》中附見之魯溝也，是鴻溝之又一支。《志》曰：『淮陽國扶溝縣渦水，首受狼湯渠水，東至向入淮。』即《水經注》之《陰溝水篇》也，是鴻溝之又一支。《志》曰：『梁國蒙縣獲水，首受菑獲渠水，東北至彭城入泗。』按陰溝水之支爲汳水，次爲獲水，即《水經注》之《汳水》《獲水》二篇也，是鴻溝之又一支。《志》曰：『陳留郡浚儀縣睢水，並受狼湯渠水，東至取慮入泗。』即《水經注》之《睢水篇》也，是鴻溝之又一支。蓋《志》所載狼湯渠之源流，五合之則爲鴻溝。今以《水經注》質之，狼湯渠至尉氏，始有鴻溝之名。鴻溝又曰沙水，自新陽入潁以入淮，而支流自義城合渦水以入淮，狼湯渠之東出爲官渡水，秦人引之爲梁溝，即陰溝水也。又東爲汳水，爲獲水，入泗以入淮，而沙水之至浚儀者，又合汳水爲睢水，以入泗，其所周流正值鄭、衛、曹、宋、陳、蔡六國之境。

鴻溝不知誰所爲。閻潛丘曰：『蘇秦説魏王云「大王之地，南有鴻溝」，則戰國以前有之。晉、楚戰於邲，邲即汳水，則春秋以前有之。』予謂所證不止於此。《國策》『景舍伐魏，取睢、濊之間』，是睢水亦見於戰國。水自渦出爲洵，是渦水見於《爾雅》。水自潁出爲沙，是沙水亦見《爾雅》。而沙汭並見於《左傳》，其未遠矣。乃酈道元則竟曰『大禹塞滎澤以通淮、泗』，又曰『昔禹於滎陽下引河』，以致東坡之徒，遂謂鴻溝是禹跡，則大謬也。夫《職方》豫州之川滎、洛，誰謂禹曾塞滎者，奈何并《河渠書》不諦視也。宋儒唯黄文叔言此不謬。

予既斥道元滎澤之非，復取《水經注》反覆求之，乃知鴻溝之跡，實始於徐偃王。道元引古《徐州志》，言偃王導溝陳、蔡之間，以水道按之，正沙水之地界也。蓋偃王首開鴻溝，其後如魯溝，則吳人所增開，即《國語》所謂商魯之溝者，故一名宋溝，而梁溝則秦人所增開，陸續穿鑿，遂爲鴻溝支流諸水，而經流則實偃王始之。故予謂通淮、濟者，始於徐，繼於吳，皆是霸者，而卒於秦政。二千年以來未經考出，今始得之。

問：其曰『於楚，西方則通渠漢水雲夢之野』，何也？此事在諸書，直無可考。

答：《地志》曰：『南郡華容縣，雲夢澤在南，夏水首受江入沔。』《水經注》有《夏水篇》，然不及通渠事。唯《皇覽》曰：『孫叔敖激沮水，作雲夢大澤之地。』蓋指此。但雲夢已見於《禹貢》，固非孫叔所作，但引沮水以入之，所謂通渠者也。漢水一名沮水，斯事足補《水經》之遺。

問：其曰『東方，則通鴻溝、江、淮之間』，何也？是乃吳事，不知何以屬之楚？

答：厚齋先生曰：『吳之通水有二：《左傳》哀九年，吳城邗，溝通江、淮，此自江入淮之道。《吳語》：夫差起師北征，闕爲溝於商、魯之間，北屬之沂，西屬之濟，在哀十三年。此自淮入汴之道，是江、淮之通，固屬吳。馬、班於此似有誤。』然愚細考《水經注》，則楚亦似有通江、淮之事。《水經注·濄水篇》，濄水合沘水；《潕水篇》，潕水亦合沘水；而《沘水篇》，沘水合澧水以入淮。是皆淮之屬也。乃《沘水篇》：沘水又合堵水，又合濄水、潕水以入淯水，堵、淯二水則皆漢之屬也。蓋南陽之地，淮、漢並行，其水已有互相出入者，皆在新野、義陽一帶，江、淮未會而淮、漢已通，吳之力所不及也，是非楚人通之，而誰通之？夫淮通漢，則即已通江矣，是吳之通淮於江者在下流，而楚之通淮於漢以通江者，在上流也。《史記》之言，亦別自有據也。《左傳》楚人伐隨，師於漢、淮之間，蓋其證也。

蓋川瀆之亂，河先與汝通，則鴻溝是也。通汝者，通淮之漸也。已而淮先與漢通，則沘水之合於堵水、淯水是也。通漢者，通江之漸也。及邗溝開，而江遂竟通於淮。商、魯之溝開，而淮遂竟通於河。

問：其曰『於吳，則通渠三江、五湖』，願聞其說。

答：《地志》曰：『中江自陽羨入海，北江自毗陵入海，南江自吳入海，此三江之道也。五湖，則即震澤。《禹貢》時之大江，本不與五湖通。相傳吳人伐楚，用伍胥計，開渠運糧，而江湖之道無阻。今其地有伍牙山，有胥谿，可證。』其說見於高淳《漢圖經》。按《左傳》哀公十五年，楚子西伐吳，及桐汭，此舟師入湖之道也。而或曰襄公三年，楚子重伐吳，克鳩茲，至於衡山，則似已有入湖之道，事在伍胥之先。則或壽夢以來，已有此渠，而伍胥特脩治之乎？世遠不可得而詳矣。要之，史公所云，其指此事無疑。若非史公此語，則又將指爲三代以前故道矣。

問：其曰『於齊，則通淄、濟之間』，何也？

答：《地志》曰：『泰山郡萊蕪縣原山，淄水所出，東至博昌入濟，即齊所通也。』但淄水經流入海，其支流則齊人導之，由彭水以入濟。《地志》亦微有失。

問：其曰『於蜀，則蜀守李冰鑿離碓，避沫水之害，穿二江成都中。』即《華陽國志》所載否？

答：是也。三代以後，變更水道者皆有乖地脉，不合川瀆之性，惟李冰所經營有大功。顧史公不列之《循吏傳》，但略一見於此。向非《華陽國志》至今存，則李冰之詳不可得聞。

問：三代後之變更，止於斯耶，抑或有遺？

答：大略亦祇此。淮與濟通，江與淮通，淮與漢通，漢與雲夢通，江又與震澤通，濟與淄通，《禹貢》之水道，無完瀆矣。其餘惟齊桓公塞九河，見於《緯書》，鄭康成采之。又趙惠文王徙漳河。《世家》：惠文王十八年，漳水大出；二十一年，徙漳水武平之西；二十七年，又徙漳水武平之南。八年之中，再徙巨浸，而其詳不可得聞。《水經注·漳水篇》亦不及。而春秋時，楚之孫叔敖開芍陂，則有功於淮南者，爲正史之所略。

問：六國世家，其紀事莫如趙之誣謬者，不特屠岸賈一事也。如宣孟之夢，簡子鈞天之夢，原過三神之令，主父大陵之夢，孝成王之夢，何其言之龐而怪與？謂非緯候之先驅不可矣。

答：是蓋當芟除者也。其中紀事之失，尚有昔人所未及糾正者。惠文王十五年，即燕昭王之二十八年也，以師與燕伐齊，大捷，燕人遂深入，取臨淄。是時齊襄王保莒，田單保即墨，而餘地皆入燕。乃曰：『惠文王十六年，秦復與趙數擊齊，齊人患之，蘇厲爲齊遺趙書游説，趙乃不擊齊。』夫當時之齊，區區二城耳，秦何所利而擊之？即擊之，又何所畏而必與趙共擊之？其謬一也。乃下又曰：『是年廉頗攻齊昔陽，取之。』夫昔陽是鼓地，春秋末已屬晉，至是原屬趙，非齊地。且齊是時所有祇二城，安得尚有餘邑爲趙所取？其謬二也。乃下又曰：『十七年，樂毅將趙師攻魏伯陽。』按樂毅留狥齊地，及二城不下，遂守之，并未嘗歸燕，何從將趙師而攻魏？其謬三也。乃下又云：『十九年，趙奢將，攻齊麥丘，取之。』是時齊亦尚止二城，麥丘屬燕。其謬四也。乃下又云：『二十年，廉頗將，攻齊。』按是年樂毅尚在齊，次年田單始敗燕軍，復有七十餘城，當前一年，齊無可攻。其謬五也。蓋惠文王此五年中，無一事可信，不知史公何所據而志之。而廉頗本傳，惠文王十六年伐齊，取陽晉，不作昔陽，然亦非也。

問：《韓世家》：昭侯八年，申不害相韓。十年，韓姬弑其君悼公。十一年，昭侯如秦。既有昭侯，焉得又有悼公？

答：小司馬曰『姬，亦作玘』，則即李斯所云『韓玘爲韓安相』者也。斯與韓安同時，其謂玘爲之相，必不錯。則玘乃亡韓之相，但玘相安而安亡，非弑安也。《世家》此句是誤文，當芟去。韓先稱侯，後稱王，無所謂公，亦無謚『悼』者。小司馬曰：『或是鄭之嗣君。』按韓自哀侯已滅鄭，昭侯時無鄭矣。六國世家韓最略。由李斯之言推之，玘是王安之時專權者，故以之比趙高。若昭侯時，申子爲相，安得容小人如玘者乎？

問：《燕世家》不載昭王好方士之事，而《封禪書》中微及之。昭王賢者，不應有此。

答：齊威、宣二王，燕昭王，晚皆惑於方士。雖世所傳王母謂『燕昭無靈氣』之語不足信，然燕、齊方士之所聚，恐或有之。唐憲宗、武宗皆英主，何嘗不以方士損其業乎？

問：《虞卿傳》，古無言其錯者，昨始聞之，願詳示。

答：據《范雎傳》，則魏齊之亡，在秦昭王四十二年，其時虞卿已相趙，棄印與俱亡，而困於大梁。《虞卿傳》謂其自此不得意，乃著書以消窮愁，則是棄印之後，虞卿遂不復出也。乃長平之役，在昭王四十七年，史公所謂虞卿料事揣情爲趙畫策者，反在棄印五年之後，則是虞卿嘗再相趙矣，何嘗窮愁以老？而史公序長平之策於前，序大梁之困於後，顛倒其事，竟忘年數之參錯，豈非一大怪事也？

問：《荀卿傳》：葬蘭陵，而《國策》謂其歸趙，且録其絶春申之書。誰是？

答：恐是《國策》爲是。《荀子》書中有與臨武君論兵於孝成王前一事。荀子久於齊，事在孝成王之前，由齊如楚，即爲蘭陵令，則何由見孝成乎？故知其爲自楚歸趙也。《史記》言春申死而荀子廢。今觀《國策》拒春申之書，其辭醇古，非荀子不能爲也。則或者荀子辭春申而去，及春申死，荀子以甘棠之舊，復游蘭陵而卒焉，亦未可定。要之，其曾歸趙，固無疑者。

問：《范雎傳》：廢太后，逐穰侯。《國策》同。而朱子曰：『《皇極經世》衹言秦奪太后權，未嘗廢也。』或曰《經世》不足信。

答：宣太后以憂死是實，但未必顯有黜退之舉，蓋觀於穰侯尚得之國於陶，無甚大譴，其所謂逐者如此，則所謂廢者，亦衹是奪其權也。是時昭王年長，而宣太后尚事事親裁之，此便是不善處嫌疑之際。一旦昭王置之高閣，安得不憂死？故人以爲廢。

問：《吕不韋傳》：『孔子之所謂聞者，其吕子乎？』何許文信侯之過也？

答：太史公不知道，於此見之。不特不知所謂達，亦不知所謂聞。孔子所謂聞者，祇是『論篤色莊』一流。其在有位，便是『五伯假之』一流。不韋乃是亂民，豈可語聞？太史公見其《吕氏春秋》一書而以爲聞，陋矣。

問：潛丘謂白圭仕魏，當文侯時，一見《史記·貨殖傳》，再見《鄒陽傳》。其爲文侯拔中山，下逮孟子游梁之歲，七十餘年。邠卿誤以爲即《孟子》之白圭，而林氏又增益其説，不知爲又一白圭也。

答：宋人鮑彪已嘗言之。但魏人别有一白圭，當昭王時，是孟子之後輩，見《國策》。不知潛丘何以不一引及。鮑彪謂當是孟子所稱者。

問：《史記·衛世家》，頃侯厚賂夷王，夷王命衛爲侯，是頃侯以前乃伯也。顧寧人曰：『「《索隱》以爲方伯之伯，雖有《詩序·旄丘》「責衛伯」之文可據，然非太史公意。且古無以方伯之伯而繫謚者。』《索隱》之説本《鄭箋》。

答：康叔明以孟侯稱，非伯也。衛初封即是侯爵，故祝鮀曰『曹爲伯甸』，是其證也。其後稱伯者，或昭王以下之所降黜，至頃侯而復之。

問：蚩尤，據《管子》，則是造五兵者，黄帝之臣也。而古多言蚩尤與黄帝戰於阪泉，則是諸侯之不終者。《三朝記》則又曰：『蚩尤，庶人之貪者。』許慎據之，以爲造兵非蚩尤，乃黄帝也。賈公彦調劑其説，以爲蚩尤與黄帝戰，亦是造兵之首，故漢高祭蚩尤於沛廷。夫黄帝使蚩尤造兵，則蚩尤是黄帝賢臣；如竊黄帝之兵而與戰，則不止於庶人之貪者，豈可祭也？吴斗南曰：『漢高所祭，是蚩尤之星。』殆亦不得已而爲之辭。而杭堇浦力詆之，謂高祖立蚩尤祠於長安，宣帝則祠於壽良。後漢詔馬嚴過武庫，祭蚩尤，不以爲貪鬼。且壽良，乃蚩尤之家所在，豈是星乎？《藝文志》兵家有《蚩尤》二篇，則許、吴之説俱不足信。是否？

答：蚩尤爲黄帝造兵，自是作者之聖，豈有倡亂之理？而阪泉之戰，則古來傳記俱有之。愚疑造兵之蚩尤是一人，阪泉倡亂之蚩尤又是一人。蓋黄帝在位久，故其後有聞蚩尤之名，而即以爲名者，以之弄兵惑衆。如古來作射之人名羿，而有窮之君亦以爲名，此其證也。後世所祭，則造兵之蚩尤，非阪泉倡亂之蚩尤也。且造兵之蚩尤，冢在壽張，見於《皇覽》；而阪泉倡亂之蚩尤，死於涿鹿，誰爲遠道葬之壽張者乎？是亦可以見蚩尤之有二也。至於蚩尤造兵，故即以司兵之星名蚩尤，高祖所祭，自未必是星也。

問：『章邯從陳别將司馬夷』。如淳曰：章邯之司馬也，然則『别將』二字是贅文。

答：愚意以爲司馬其姓，夷其名，故冠之以别將。

問：高祖至南陽，襄侯王陵降。晉灼、小司馬以爲即安國侯王陵也。師古以爲非。義門曰：『王陵起於南陽，則安國侯即襄侯，蓋其初所稱封爵也。』不知是否？韋昭謂襄當爲穰，蓋字省。而臣瓚、小司馬以爲穰是韓成所封，陵當封於江夏之襄。是否？

答：《高祖本紀》：迎大公、吕后時，『因王陵兵於南陽』。《功臣表》：『陵聚衆定南陽。』陵本傳亦有之。《張蒼傳》：『陵救蒼之死於南陽。』是安國侯即襄侯矣。義門之言是也。襄當作穰，蓋即南陽之地，江夏則不相接矣。韓成之封以元年，是時陵何妨自稱穰侯也。

問：亞父范增，如淳援管仲以爲例。而貢父曰：『仲父自是管仲之字，亞父亦增字，如淳妄説。』

答：然則吕不韋之稱『仲父』何也？貢父亦偶未之思耳。

問：項王自據梁、楚地九郡，是何九郡也？

答：九郡從無數之者，其中須大有考正。據班《志》，數秦置三十六郡之目，秦於楚地置十郡，則項王所得楚地凡六郡：曰漢中，以封高祖；曰九江，以封英布；曰南郡，以封共敖；曰長沙，以爲義帝都；而項王所得，曰東海，曰泗水，曰薛，曰會稽，曰南陽，曰黔中，是也。秦於梁地置三郡，則項王所得梁地，凡二郡：曰河東，以封魏豹；而項王所得曰東郡，曰碭是也。然則僅得郡八，不得九矣。及考《史記》，秦初滅楚，置楚郡，次年置會稽郡。而班《志》於楚郡不書，乃知其有漏也。蓋秦之先得楚地，而置郡者曰漢中，曰黔中，曰南郡，曰南陽，在未滅時。及滅楚，但置楚郡，所統甚大。次年乃盡定百越，而置會稽。然楚郡所統過廣，故分而爲九江，爲長沙，爲東海，爲泗水，爲薛。而楚郡但統淮、陽一帶。班《志》失之，則九郡之數不足，今以楚郡益之，適得九郡之目。胡梅磵曰：『秦置楚郡，班《志》不見，蓋分爲九江、鄣、會稽三郡。』其實大謬。會稽不在楚郡之內，《史記》甚明。而鄣郡並非秦置。秦之所分，凡得郡五，而楚郡亦未嘗廢。蓋三十六郡之數，京師爲內史，本不在其內。班《志》誤以內史亦當三十六郡之一，故失去楚郡，而不知也。

問：因九郡而并知班《志》三十六郡之漏，乃信考古之難。

答：不特此也。《史記》於三十六郡，不詳其目。《前志》於三十六郡，有東海而無黔中；《續志》於三十六郡，有黔中而無東海。既各失其一，而又皆失去楚郡，則實止三十四郡矣。故亦自知其不足，則以內史充其一；又不足，則以晚出之鄣郡充其一，而三十六郡始完。裴駰注《史記》，但據《續志》而不參《前志》，於是《晉志》因之。厚齋《通鑑地理通釋》亦因之。梅磵注《通鑑》亦因之，以爲《續志》必同於《前志》，而不知其亦不合也。蓋嘗反覆考定而後得之，詳見愚所著《漢書地理志考證》，文繁不能悉舉也。

卷九　諸史問目答盧鎬

問：彭城之役，檄曰：『悉發三河兵南浮江、漢以下。』《史記注》皆不得其説，而師古略之。梅磵先生以爲一軍由三河以攻其北，一軍浮江、漢以攻其南，是矣。然《本紀》不載南下之軍，何也？

答：《史》《漢》之文，多於本篇不見，乃互備於《年表》與《列傳》，而此事則竟失之。然韓信用兵，大都如此，如伐魏豹，則大軍由夏陽，而別遣棘丘侯由上郡攻其背，是也。《水經注》曰：『高祖二年，置長沙郡，又置黔中郡。』是蓋南下之軍，自漢中出，先定二郡而有之。長沙乃義帝之都，而黔中則項王南境，乘虛取之，所謂南浮江、漢也。江、漢之地，過此三郡，共敖守南郡，漢兵尚未得至其境，是足以補遺。

問：『五諸侯兵。』應劭曰：『雍、翟、塞、殷、韓也。』如淳曰：『塞、翟、魏、殷、河南也。』韋昭曰：『塞、翟、韓、殷、魏也。』師古曰：『常山、河南、韓、魏、殷也。』劉攽曰：『河南、韓、魏、殷、趙也。』吴仁傑曰：『塞、翟、魏、韓、趙也。』其説誰是？

答：雍方被圍，自不與五諸侯之列。塞、翟早已亡國，河南、殷亦亡。而常山間關入漢，無兵。則諸家所數，祇韓、魏、趙爲可信。乃吴氏謂塞、翟二王雖降，尚如魏豹之得君其國，以兵從行。吴氏所以爲此説者，以《史記》雖云『元年八月降二王，置二郡』，而《漢書》則曰『二年六月，雍亡之後，始置河上、渭南、中地、隴西、上郡』，則前此塞、翟必如未亡，以是爲《史記》之誤。塞、翟未亡，則足以充五諸侯之列矣。而不知又不然，《史記》於元年八月書置二郡者，高祖既滅二國，定其疆也。《漢書》於二年六月書置五郡者，高祖盡定三秦，通正其地界也。故《漢書·異姓王表》亦云元年八月置二郡，未嘗不與《史記》同。吴氏知其一不知其二，而謂塞、翟尚如魏豹之得君其國，不知《功臣表》又有曰棘丘侯襄，以上郡守擊西魏，事在二年三月，則翟之不得有其國可見矣。

敬市侯閻澤赤以河上守遷殷相，擊項籍，事在二年四月，則塞之不得有其國可見矣。安得謂二郡至二年八月始置乎？且塞、翟，項王之屬也，使是時尚以兵從，必全軍入楚，不肯隻身亡去矣。

曰：然則五諸侯之二竟爲誰？曰：魏王之從軍，見於其傳；韓王之從軍，見於《異姓王表》；趙相陳餘以兵從，亦見於其傳；而合齊擊楚，則見於淮陰之傳，蓋齊人亦以兵從也。是五諸侯之四也。其一則殷。曰：子方謂塞、翟不在有國之列，而忽以殷當之，是自背其説也，夫是時漢之置河内郡明矣。曰：《高紀》誤也。有證乎？曰：有。《功臣表》：『閻澤赤由河上守遷殷相，擊項籍。』夫殷尚有相，則卬尚有國。不然當曰『河内守』矣。蓋殷已降漢，故漢爲之命相，而以兵來從。及彭城之敗，卬死，始置郡耳，是又五諸侯之一也。乃知是時所滅爲塞，爲翟，爲河南，而魏與殷不與焉。塞、翟已滅，而反以爲未滅。殷未亡，而反以爲已亡。甚矣其舛也。且諸公亦自參考《史》《漢》不甚密耳。《史記·陳平傳》曰『漢王還定三秦而東，殷王反楚』，是即司馬卬降漢事也。

曰『項王使平擊降殷王』，是明言殷降漢而未亡，故復降楚也。曰『居無何，漢王攻下殷王』，是即漢王擊卬之兵以入彭城事也。《漢書》亦同。然則殷之未亡，明矣。蓋《史》《漢》二本紀及表並誤，幸《陳平傳》及《功臣表》可以正之，而五諸侯之數完。

問：『彭越、田横居梁地，往來苦楚兵，絶其糧食。』先生謂田横二字，當是衍文，何也？

答：是蓋因上文『田横兵敗奔彭越』，故牽連誤書之，其宜芟去無疑。田横義士也，雖於項王亦有田榮之怨，然是時，則項王以横故，喪其大將并二十萬人於齊。横仇漢不仇楚矣，而謂爲漢苦楚，是與狼子野心之英布等矣。横之奔楚，正以越是時中立，且爲漢，且爲楚，故姑依之，則彭越或受漢餌而絶楚食，田横不肯爲也。向使横果爲漢苦楚，則垓下之師，漢必亦召之，以壯聲援，而事定，不必亡入島中矣。

問：「鴻溝之約，因項王兵少食盡，韓信又進兵擊之。」項羽之兵少，由龍且二十萬衆之敗，而食盡則以彭越，皆有可考。韓信進兵，獨不詳其始末，不知他有所見否？

答：是不見於淮陰本傳，見於《灌嬰傳》。蓋項王但與漢爭於滎陽、敖倉之間，雖兵少食盡，尚可支吾，而韓信已王齊，故自淮北擣其國都。觀《灌嬰傳》，則其兵攻彭城，又越彭城而南，直渡廣陵，縱横蹂躪，項王腹心中不可保矣，安得不議和乎？故世但知垓下之戰，非信不捷，而不知其大功在用灌嬰。當此之時，項王良將已盡，無能與嬰抗者，即不約中分天下，亦内潰矣。此從未有爲淮陰表彰其事者。唯是《史》《漢》皆言灌嬰已攻降彭城，則恐未必。彭城乃楚都，若已降，項王且安歸？蓋是圍彭城而破其軍也。

問：《史記·秦楚之間[際]月表》，謂淮陰王楚，以齊還漢。梅磵於《通鑑》則曰「兼王齊」，不知其何所據。按《曹參傳》：初相齊，及改王楚，參歸相印。則似《史記》爲是。

答：恐當以梅磵爲是。蓋使淮陰以齊還漢，則漢必早立齊王，不待信禽之後也。漢畏信，見其不肯還齊，信之禍所以亟也。觀田肯之賀，不言得楚，而言得齊。又曰：「非親子弟，莫可王齊。」則信未嘗還齊也。夫以信王楚，固非漢之所能忘情，而況加以齊。甚矣其愚也。

問：貢父曰：「古人居則貴左，用兵則貴右，但貴右者，似戰國時俗也。」吴斗南曰：「乘車貴左，兵車貴右。戰國時習見兵車之禮，故貴右。」然信陵虚左迎侯生，則亦有時而尚左。貫高至漢，漢臣無能出其右者，則漢亦尚右。

答：左右之禮亦難考。仲虺爲湯左相，是伊尹以右相先之。慶封爲齊左相，是崔杼以右相先之。不必軍禮也。軍禮止楚人尚左，故王在左廣中。而魯舍中軍，季氏將左師，則似魯又上左。此皆難以強爲之説，大抵位次之間，尚右者多。

問：「漢別將擊布軍洮水。」蘇林、如淳皆不能言洮水所在。徐廣曰「在江、淮間」，而不能實指其水。胡梅磵曰：「乃零陵之洮水也，布欲由長沙入粵，故走洮水。」按江南唯零陵有洮水，則梅磵之言是也。而吾丈不以爲然。願指其地。

答：梅磵最精於地學，然其《通鑑》所言，亦往往多誤者。蓋地學至難。即如九江左右，本無洮水，而布之走，死於番陽。布之封也，兼有壽春、江夏、豫章，而都壽春。豫章在壽春之南，番陽又豫章之南，長沙又番陽之南，零陵又長沙之南，非可猝來猝返。而長沙與布婚，雖欲依之，然長沙則正當嫌疑之際，使布竟得長驅直入其國，與漢兵鬭於洮水，則長沙直與之同反矣。既不與之同反，則便當逆拒之，布安得走洮水乎？且布既至洮水而敗矣，何以不竟走粵，乃返轡而東，又出長沙之境，重入於淮南國中之番陽，而長沙始遣人誘而殺之。不殺之於其國，而縱賊之出而徐殺之，何其愚也。夫布與長沙婚，則必約長沙同反，長沙不答，所以能世其國，而容布入其國而橫行乎？且布欲入粵，不必走長沙，布國中之豫章與粵接，可以入粵之徑甚多。而布欲走長沙者，特望其同反也。長沙不答，所以逆之於境，而誘而殺之番陽，是布尚未出其國也。然則洮水者，何水乎？曰：是誤文也。蓋九江之沘水也，沘與洮相似而訛。蓋布敗於蘄，反走其國，又敗於沘，乃思投長沙，未至而死於番陽。如是則其地得矣。沘水見《水經》。顧宛溪欲以震澤之洮湖當之，則在吴王濞國内矣，益謬。

問：南武侯織，亦粵之世立以爲南海王，文穎謂尉它正據南海，前以封吴芮，尚是遥奪，兹復遥奪以予織，未得竟王之也。但讀詔文，則織當是無諸之族，蓋亦必以功而封，豈竟無寸土而虚命之者？

答：王隱《晉書·地道記》以爲封於交阯之嬴𨻶，亦恐未是。交阯在桂林以南，尉它所屬役也。高祖時，其道不通，無諸之族安得越尉它而王之？要之，無諸之族，則必其種落東與閩越相接，西與尉它相接。而其所據南武之地，蓋在南海境中，有犬牙交錯者，故以南海爲國而王之。文穎以爲虚封，不知文帝時，明有南海王反，見於《淮南王安傳》。《傳》曰：『前此南海王反，先臣使將軍間忌擊之，以其軍降，處之上淦，後復反。』是非虛封可知矣。《淮南王長傳》亦有曰：『南海王織，以璧帛獻皇帝。』是未滅時。又曰：『南海民處廬江界中反。』則既遷之後也。蓋其地在今汀、潮、贛之間，以其爲無諸之族，則知其近於今之汀；以其所封爲南海，則知其近於今之潮；以其遷於廬江之上淦，則知其近於贛。文穎讀《史》《漢》不審，而以爲虛封。王隱則妄指其地。

問：《漢書·高后紀》所書孝惠後宮子五，而《恩澤侯表》則六，壺關侯武之下，尚有平昌侯大，不書，何也？

答：《史記·高后紀》詳於《漢書》，但於五侯之封，亦不及平昌。至六年，呂始書立皇子平昌侯大爲呂王，更名梁曰呂，呂曰濟川，故其後書濟川王大。呂氏既平，徙濟川王封於梁，未幾皆誅。按大嗣封呂王，則明是呂氏之子，故《漢書》亦見之《異姓王表》，而其封侯之年，據《恩澤侯表》，在五侯之後，故《史》《漢》本紀並失之。

問：尉它自稱南武帝，泰泉先生謂它改南海爲南武，非如師古等所云生謚也，引南武侯織以證之。是否？

答：據《史記》，尉它未受漢封時，自稱南粵武王。及僭號，自稱南粵武帝，則『武』自是生謚。《漢書》它稱南粵武王，與《史記》同。而其後乃稱南武帝，此是脱文，漏去『粵』字。泰泉謂它改南海爲南武，其説無據。蓋南海境中，有地名南武，當在今潮州、汀州之交，故織以閩粵之族侯於其地，而並非尉它之臣也。非尉它之臣，豈肯取尉它所改地名以署其國？而是時織已與它並爲王，則它欲爲帝，又不肯取織封侯之小縣以自名也，審矣。蓋南海之有南武，猶東海之有東武，並非它改南海之名而名之也。試觀東粵王之反，亦自稱爲武帝，則泰泉之言非也。

問：厚齋謂古人受刑袒右，引《儀禮疏》以證之，然則爲吕氏右袒，以示將有刑也。盧六以曰：『王孫賈之誅淖齒，則曰「欲與我者袒右」，是不過以卜衆心之從違，非如受刑之説。』義門曰：『木強老革倉卒間，未必學叔孫太傅也。』然則厚齋之言非與？

答：陳涉之起亦袒右，則厚齋之説未足信。

問：景帝詔三輔舉不如法令者。貢父曰：『此時未有三輔，武帝之時始改主爵中尉爲右扶風，此時祇左右内史耳，詔文誤也。』但此係詔書，何以有謬？

答：是時或已分右内史之地以屬中尉，與左右内史並治京師，亦未可定。觀武帝營上林，其時亦尚未定三輔，而詔中尉、左右内史表屬縣草田以償鄠、杜之民，則中尉已與左右内史並治京師，隱然分三輔矣。特其後始改定京兆、馮翊、扶風之名耳。

問：『救決河，起龍淵宫。』孟康、顔師古以爲西平之龍淵宫，酈道元以爲瓠子之龍淵宫，劉攽以爲《黄圖》茂陵之龍淵宫。三者誰是？

答：『救決河』與『起』當連書，則道元之説是也。茂陵之宫，亦是武帝夸其導河歸北之勛而爲之。西平之宫，則别是一古跡。堇浦亦以愚説爲然。

問：漢武帝置五屬國。王厚齋曰：『考《地志》，屬國都尉：安定治三水，上郡治龜茲，天水治勇士，五原治蒲澤，張掖治日勒。』按《志》，則張掖之治日勒者，但言都尉，不言屬國都尉。

答：張掖二都尉，其治日勒者，郡都尉；其治居延者，乃屬國都尉。但《前志》亦無明文，見《續志》。

問：文潁曰：『盛唐不知何地，當在廬江左右。』韋昭曰：『在南郡。』師古以韋説爲是，而先生主文説。乞詳其地。

答：盛唐在樅楊，故下文帝作《樅楊盛唐之歌》。樅楊，今之桐城。《太平寰宇記》於桐城縣，引《水經注》曰：「大雷水，東南流逕盛唐戍。」今本《水經注》，失去《江水第四篇》，故無其文。不應小顏生唐初，亦不見也。然則文穎之説是矣。

問：西京十三州刺史，沈約、劉昭皆以爲傳車周流，無常治也。而師古引《漢舊儀》則有治，世多疑其非。齊侍郎次風尤力主沈、劉之説。如何？

答：《漢志》書太守、都尉之治，而刺史無有，故皆以沈、劉之説爲是。但刺史行部，必待秋分，則秋分以前，當居何所，豈群萃於京師乎？則師古之説，未可非也。西京初置刺史官，止六百石，故《志》略其治，況《漢舊儀》未必竟誣妄也。

問：昭帝五年，罷象郡。按漢無象郡，所罷何也？

答：漢之日南郡，秦之象郡也。此是誤文，當云罷日南郡耳。然日南似未嘗罷，或者暫罷而旋復之，則史有闕文。

問：平帝罷安定呼沱苑以爲安民縣。道元以爲安定郡之苑也。師古曰是中山之安定。誰是？

答：曰呼沱，則是中山，非關中也。況平帝由中山王爲天子，故首加恩於潛藩。但中山之安民縣，《前志》《續志》皆無有，殆亦不久并省。

問：《史》《漢》「諸侯王表」言高、文之時，天子自有三河、東郡、潁川、南陽，自江陵以西至巴、蜀，北自雲中至隴西，與京師内史，凡十五郡。而先生以爲不止十五，願聞其數。

答：是時天子所有：河東、河南、河内、魏郡、東郡、潁川、南陽、江陵、武陵、巴郡、蜀郡、漢中、廣漢、雲中、上郡、北地、隴西，則爲郡十七，又益以内史，則十八。

問：《史》《漢》皆言景帝之時，趙分爲六。徐廣曰：『趙、河間、常山、中山、廣川、清河也。』顔師古曰：『趙，平干、真定、中山、廣川、河間也。』孰是？

答：景帝時，尚未有真定、平干，二王乃武帝所封。徐廣是。

問：管共王罷軍，齊王子也，所封當在齊地。管則鄭地，何也？

答：『管』乃『菅』字之訛，濟南郡之菅縣也。道元注《水經》可證。于思容《齊乘》中已及之，《索隱》以爲滎陽者謬。然即其謬，可以知唐本《史》《漢》二書皆以沿襲誤字，而莫取《水經注》以正之，可怪也。

問：《史表》齊悼惠王子楊虛恭侯將廬，《漢表》作楊丘恭侯安，而別有楊

虛侯將閭相舛錯。

答：楊丘，《地志》作陽丘，在濟南。楊虛，《倉公傳》亦作楊虛。道元曰『在高唐』，引《地志》證之。然今之《地志》無此文。齊次風因以爲即平原之樓虛。但《功臣表》，元帝時別有樓虛侯，則次風之言亦未的。要之，道元以商河出於楊虛，則自在高唐、平原之間，特不可以樓虛當之耳。是楊丘、楊虛之地爲二也，不可溷也。將閭後嗣爲齊王，謚孝，則安得爲侯之時先謚恭？是恭、孝之謚爲二也，不可溷也。《史表》誤，而《漢表》是也。

問：白石侯雄渠，《索隱》以爲白石在金城，《正義》以爲安德。誰是？

答：漢人封國，從未有在河西者，而是時則河西尚未開也，豈封之匈奴境内乎？安德在平原，正齊所分地。大抵諸同姓列侯表所封地最難考，從未有疏證之者。愚别有《稽疑》二卷，已成書，可得其十之八，足下試取觀之。

問：中水、赤、泉、杜、衍五侯，《史表》皆作莊侯，《漢表》皆作嚴侯，蓋避諱也。而徐廣注《史記》曰：「五侯手殺項王，故皆謚壯。」然則非「莊」也。非「莊」，而《漢表》何以俱改曰「嚴」？

答：此恐是班氏所見《史記》誤本，以「壯」爲「莊」，因改爲「嚴」。徐氏雖生班後，然所見反是善本。蓋五侯當謚壯，不當謚莊也。凡古文籍，亦甚有善本而反後出者。

問：藁侯應作槀侯，《地志》山陽郡之槀縣也。臣瓚音拓，而師古於《功臣侯表》，竟音槁，似謬。

答：師古不甚精於六書，故其考字最疏。如澧水出郾縣，後世流俗本訛作郾，而師古即音屋，蓋不勘正於《水經》也。洨侯呂產，後世流俗本訛作汶侯，而師古即音問，蓋不勘正於《史表》也。涐水見於《說文》，《地志》訛轉爲渽水，則竟無其字，而師古即音哉。皆與槀、藁一例。三劉、吴氏，亦未能正。

問：齊哀王之舉兵，幾壞於召平，而成於魏勃，乃文帝反封召平之子爲黎侯，而魏勃大受灌嬰之責，何也？

答：是漢之君臣有爲爲之也。蓋討諸呂者，權也；不肯發兵者，經也。罪魏勃，所以預防伍被之徒也。封召平之子，所以養成後來張尚、王悍、韓義諸人之節也，斯其慮遠矣。又按文帝因大臣先有立齊之議，故不忘情焉。薄朱虛、東牟之賞，而齊王之薨，僅謚曰哀，又託以推恩悼惠諸子，分其國而六之。故召氏封，魏氏不封，皆有成心。

問：成安郾侯郭長，師古曰「郾音杲」，是何謚也？

答：謚法無郾字，不可解。而郾亦不音杲。丁度《集韻》：「郾，想止切，音壐是也。」然《集韻》以爲國名，則亦謬。

問：高帝功臣之克世者惟平陽，恩澤之克世者惟富平，而歸德侯先賢撣，直至東京之永平，何也？

答：歸德以降人封，故義門曰：『想其封國，雖在汝南之歸德，而仍居屬國之地，所以得久。』愚考下摩侯冠支，亦以降人封在猗氏，而詔居弋居山，則義門之説是也。

問：王氏五侯之後，平阿侯譚之孫述，在東京尚襲爵，何也？

答：五侯中不得爲大司馬者二：紅陽及身不得其死，平阿之子仁不得其死，皆以忤莽也，而亦正以是受福。紅陽之子丹，首降世祖有功，其子泓因得封，而仁之子亦嗣爵。二侯幸矣，加於王涉、王尋、王邑輩遠矣。

問：漢之給事中、侍中，最爲要近，然無定員，而野處以爲宋時閣門宣贊、祗候之流。但漢多用士人爲之。其信然與？給事中、侍中，似非閣門諸吏比。

答：野處之言非也。漢初侍中亦雜，故賈誼至與鄧通同侍中，而爲通所譖。其後則大屬清流，得參天子密勿，不由尚書省白事。故弱翁以此剪霍氏，更生以此忤石奄，是豈宋之閣門官所比？然其中亦有差等，如劉歆之爲常侍，則不過校正文史耳。

問：《百官表》景帝五年，安丘侯張毆爲太常，疑是張執。

答：所糾是也。漢之太常，必以諸侯爲之，見野處《容齋隨筆》中。毆在《漢書》中有傳，是安丘侯説之子，然不嗣爵，官廷尉，不官太常。嗣爵者奴，而執是奴子。

問：用脩咎《古今人表》后、夔一人，而夔在上中，后夔出於下上；豖韋與韋一人，而豖韋在上下，韋在下上；范武子與士會兩見。《計然》，即范蠡所著之書，而兩見，何其謬一至此？

答：是《表》之誤，不僅於此。而用脩所舉，唯范武子一條果是錯。若其分夔與后夔，蓋以九官之夔，非《左傳》取黷妻之后夔，古人原有此說，故分之。而豕韋乃五伯中之豕韋，若韋則三蘖之韋也，分之甚是。計然或曰計倪，亦非即范蠡也。

問：漢高帝之八年，楚元王之三年也。《律曆志》中，何以不書漢年而反書楚年？《志》中楚元之年，凡三見。

答：是必劉歆之文也。蓋周曆之後有魯曆，以魯紀年。劉氏爲楚元之後，故援其例，而以楚紀年。是雖以意度之，然觀《志》云『魯繆公二十二年，距楚元七十六歲』，則是以楚曆接魯曆矣。

問：《律曆志》曰：『漢高即位，歲在大棣之東井二十六度，鶉首之六度。』故《漢志》曰：『歲在大棣，名曰敦牂，太歲在午。』不知大棣是何分野？

答：大棣之名，不見於十二分野。鄭、郭、杜、賈、孔、邢言分野，無及之者。但以漢高即位之年在午，考之《史記·天官書》有云：『敦牂歲，歲陰在午，星在酉。』歲陰者，太歲也，即所謂鶉首之六度也。其云星者，歲星也，殆所謂大棣之東井二十六度也。然則大棣即壽星之垣，而不知古人何以皆缺之。蓋十二分野間，多別名，如元枵，一名顓頊之虛；大火，一名閼伯之虛；娵訾，一名孟陬。則壽星或亦一名大棣，但祇見於此，更無可考。

問：漢十九章之樂歌，先生謂其篇次有錯。是在三劉、吴氏俱未之及，願詳示之。

答：據言十九章中，匡衡所更定二篇，俱大可疑。其曰匡衡奏罷『鸞輅龍鱗』，更定《天地》之篇爲第八。按『鸞路龍鱗』乃第七篇《惟泰元》詩中語，匡氏奏罷之而更定之，則《天地》之篇，仍是第七也。今列舊詩爲第七，以更定者爲第八，何也？又曰匡衡奏罷『黼帀周張』，更定《日出入》之篇爲第九。按『黼帀周張』，即匡氏第八篇《天地》詩中語，匡氏自更定之，而又奏罷之，而又更定之，益可怪。且果如此，則《日出入》之詩，亦仍是第七也，今以爲第九。是三詩實指一詩，不滿十九章之數矣，是必有脱落訛謬之失，而今不可考。

問：《郊祀志》曰：『武帝移南嶽於霍山。』邢叔明《爾雅疏》所本也。吴斗南力攻之。然則孟堅於當代掌故，豈亦有誤乎？

答：班氏此言，本之《史記》，然未覈。霍山本一名衡山，安得謂長沙之所移乎？夫吴芮之王於江夏，而國曰衡山，蓋江夏本九江之所分，故以天柱爲望，而名其國。及三淮南之分封，則得廬江、豫章者，國曰廬江；得江夏者，亦曰衡山。是二衡山王者，皆不在長沙，而以九江之分地得名，則霍山之一名衡山，由來舊矣。斗南欲攻班氏，何不引二王之國以證之乎？至於三代南嶽之祀，或曰在天柱，或曰在長沙，若以大小較之，似當以長沙之衡山爲是。特不可以天柱、衡山之名爲長沙所移者，蓋漢家南嶽，其在元封五年以前，似原在天柱，不在長沙。何以知之？《志》曰：『元鼎三年，濟北王獻泰山，而常山爲郡，然後五嶽皆在天子之邦。』唯南嶽是九江之衡山，故可云『在天子之邦』。若在長沙，則尚屬王國，不得曰天子之邦也。而以爲元封五年所移，可乎？是皆班氏所未及檢，吴氏亦所未及詳也。

問：《地理志》上黨郡壺關縣。師古引應劭曰：『黎侯國也，東郡黎縣。』師古又引孟康曰：『《詩》黎侯國也。』齊次風因以壺關之黎，爲商時之黎；而東郡之黎，爲周時失國寓衛之黎。是否？

答：商、周之黎，皆在壺關，無二地。黎爲狄滅，遂寓於衛。《水經注》：瓠河東有黎侯城。是寓城，非國也。晉成公滅狄，復立黎侯，是明在潞國之旁無疑矣。師古不能糾孟康之誤，而次風從而和之，非也。

問：泰山郡之乘丘，師古以爲公敗宋師之地。濟陰之乘氏，又引應劭以爲公敗宋師之地。果孰是也？

答：是在杜氏《左傳注》了然。蓋其曰魯地，則明是泰山郡之乘丘。若濟陰之乘氏，則宋地矣。道元於《水經》亦狐疑，不止師古也。

問：鄆侯周緤，蓋沛郡之鄆縣也。《史》《漢》注皆音「多」，而沈繹旃曰讀「如」字。何也？

答：繹旃之考正《史》《漢》，皆見之於《水經注》中，甚有佳者。如「鄆」字之音，足發二千年之謬。《漢書》周緤本傳引蘇林注，「鄆」音多寒翻，則固讀「如」字也。《史記》周緤本傳，亦引林注，但云音「多」，則斷脱去下二字，而《史》《漢》二《侯表》所引亦然，《漢志》引孟康之言亦然，《水經注》所引亦然，則竟讀作「多」字矣。然古小學書中無此音，自丁氏《集韻》出，添一條曰「鄆音當何反」，則更無有疑之者矣。繹旃抉其謬而發之。

問：蘭陵有二：有東海郡之蘭陵，有臨淮郡之蘭陵。荀子所仕，厚齋以爲

東海。不知是否？

答：《晉書地道記》：東海之蘭陵，是魯次室邑，是時魯尚未亡，則荀子所仕，當是臨淮。

問：上谷郡潘縣，《前志》《續志》《晉志》《魏志》，並作潘。顔師古音普半翻，吾丈引梅磵先生曰：「據《水經注》，潘當作瀵。」大是異聞。然考之今本《水經》，亦作潘。願吾丈審定。

答：師古所見諸史是唐本，梅磵所見《水經》是宋本，似未可以與師古争。然道元注《水經》，則是六朝本，又在師古之前矣。今本《水經·㶟水篇》，潘縣、潘水，皆「潘」字，雖吳下所稱宋本亦然。乃於《河水篇》「河水過蒲阪」下，引《帝王世紀》曰：「舜都蒲阪，或言都平陽及瀵」，乃恍然曰：「是《㶟水篇》之瀵也。」古人言舜都廣甯，廣甯在上谷，乃知《世紀》之瀵，正諸史所誤爲潘者。師古未之審也。《水經》今亦無善本，盡改瀵爲潘，而賴《河水篇》中尚存其一字，

然非梅磵之言，亦何從蹤跡之？斯真所云一字足千金者也。

問：王氏《漢藝文志疏証》引唐氏曰：『春申君死，當齊王建二十八年，距宣王八十七年。劉向言卿以宣王時游學，即以宣王末年至，年已百三十七矣。宣王伐燕，孟子在齊，不得如向言後孟子百餘歲。』按此何以解之？

答：太史公謂孟、荀同時，固未必然。中壘以爲後百餘歲，亦未必然。蓋同時而又同居於齊，不應一無問答，而使其後百餘歲，則已入秦人一統之世矣。大抵孟子游齊當宣王，荀子游齊當湣王。據《經典序録》，子夏之《詩》，三傳爲孟仲子，仲子再傳爲荀子，則時代可推矣。

問：陳餘雖棄將印，不從入關，而其在南皮，尚以《詩》説降章邯，未爲恝然於諸侯者。項王靳賞而遺之，豈不悖乎？

答：項王之失非一，不祗於陳餘也。惟是陳餘棄將印，仍有説降章邯之勛，使其并辭三縣之封不受，遨游燕、齊以終身，庶幾魯連之遺矣，吾甚爲陳餘惜也。

問：鍾離昧在項氏爲名將，然及其喪職，匿於韓信國中，而曰：『漢所以不擊取楚，以昧在。』斯言恐失之夸。果爾，昧何以不救項氏之亡？

答：陳明卿嘗言之矣。漢何故以昧不敢擊楚乎？然當時辨士之言，類如此。

問：瑯琊王劉澤，吕嬃之婿，其封王本不以正。黨於産、祿，是以齊王誘而留之。澤以計脱入關，文帝即位，不降封，而反以大國酬之。何也？

答：文帝長者，而即位時，所舉定亂之賞甚有私。蓋大臣本擬立齊王，而澤恨齊王之紿之，故撓其事。文帝以是得立，而澤遂得徙封燕，以報其功，不念其平日之黨於吕也。則朱虚、東牟之見絀，固宜矣。雖然，絀朱虚，絀東牟，絀齊，并絀其功臣魏勃，而褒燕，褒齊相召平之子，則固文帝之自爲謀也。至於平陽侯曹窋、曲周侯酈寄，皆有功而不加封，陸賈亦不封，不可曉也。豈諸臣皆朱虛所善，故同欲立齊王者與？

問：《漢書・功臣表》功狀，皆與《史記》同，獨王陵異。《史記》王陵功狀曰：『以客從起豐，以廄將別定東郡、南陽，從至霸上，入漢守豐。上東，從戰不利，奉孝惠、魯元出睢水中，及堅守豐，平雍，侯。』《漢表》功狀曰：『以自聚黨定南陽，漢王還擊籍，以兵從，定天下，侯。』但《史記》王陵本傳、《漢書》王陵本傳皆與《漢表》功狀合，而不與《史表》功狀合。誰爲是者？

答：王陵是自聚黨定南陽者，未嘗從起豐，未嘗從至霸上，未嘗爲漢守豐。《史表》功狀之言皆謬。但陵自定南陽，歸漢甚早，而不從入關者，蓋高祖留以爲外援。本傳以爲不肯屬漢，則又非也。陵不屬漢，何以能免張蒼於死，而次年高祖即用其兵以迎太公，非陵屬漢之明文乎？且陵母之賢，一死以堅陵之從漢矣。則謂陵不肯屬漢，高祖恨之，其封獨晚，非也。蓋漢初功臣位次，第一曰從起豐、沛，二曰從入關，三曰從定三秦，而陵之功皆在此三者之後，又無秘策如陳平等，則其晚宜矣。故曰《史表》誤，然《漢書》亦非也。

卷十　諸史問目答董秉純

問：《梁書·劉之遴傳》：『今本《漢書》，《高五子》《文三王》《景十三王》《武五子》《宣元六王》雜在諸傳帙中。古本諸王，悉次《外戚》下，在《陳項》前。』其次序以誰爲是？

答：所謂古本者，僞也。《外戚傳》以《元后傳》與《莽》接，有深意焉，則必無升在列傳首卷之理。《外戚傳》不列於《陳項》之上，則《諸王傳》亦不次《外戚》也。蓋陳、項是群雄，其不爲諸王屈也，是史法也。之遴妄信而仍之。

問：樊噲破河間守軍於杠里。河間在秦不列於三十六郡之目。是何守也？

答：秦之三十六郡無河間，固明文也。即令有之，河間時已屬趙，項、章鉅鹿之軍隔於其間，不得至中原也。杠里一見於《高紀》，再見於是傳。注家雖不能確指其地，然《高紀》由陽城至杠里，由杠里至東郡成武，是傳由成武出亳至杠里，由杠里至開封，則其地在梁、周之間，非河間之所部也。是其爲誤文，不待言也。以地按之，或是三川守之軍，則近之。

問：《樊噲傳》：『虜楚周將軍卒。』師古以爲周殷，先生非之，必別有所見。

答：周殷是時守九江，已以軍降漢，會擊陽夏，則此別是一人矣。項氏諸將，尚有周蘭。

問：東發先生謂酈、陸、朱、劉合傳之不倫，是否？

答：誠哉是論。但東發貶叔孫通似太過。通晚年有爭易儲一大節，雖前此爲佞，而在漢則不可與朱建並貶矣。竊謂酈食其畫策守敖倉，劉敬請都關中，陸賈招降尉它，三臣功皆大，而隨何亦當增入爲同列，合之以叔孫通。至朱建當黜之，附《辟陽傳》中。

問：《淮南王安傳》言安以武帝一日晏駕，大臣必立膠東王，不即常山王，何也？

答：景帝十三王，而出於王美人者，此二王也。王美人者，王后之妹。於武帝爲從母之弟，尤親，故云。

問：蒯、伍、江、息合傳，亦似不倫。

答：亭林嘗言蒯、伍祇合附見於《淮陰》《淮南》二傳，最是。要之，蒯生尚可，伍則下矣，江則更下矣，息則無賴耳，原不合作特傳。

問：《直不疑傳》將河間兵擊吴、楚，先生謂是擊趙，何也？

答：河間是趙之分國，是時趙方同反，安得踰趙而東征？誤也。

問：如淳以馮敬即馮無擇子。宋祁據《功臣表》曰：『非也。』而先生謂秦、漢之間有二馮無擇，疑亦有二馮敬。願聞之，以解如、宋二説之紛。

答：《秦本紀》，馮無擇是秦將軍，馮敬是其子，初仕魏王豹者也，文帝時爲御史大夫者，相去不遠，故如淳有此言。《功臣表》别有漢將軍馮無擇，吕氏之私人，其子亦以吕氏誅，宋祁之所本者此也。而不知如淳所指，是秦之馮無擇，則祁誤矣。惟是馮敬以御史大夫共廢淮南，據《百官表》，不詳其以後之事。若如賈生語，則是爲淮南所刺死，所謂『匕首已陷其胸』者也。淮南王長已廢，誰爲之報仇刺殺敬者？且刺殺三公非小事，而絶不見於他傳。尤可怪者，《馮奉世傳》出自馮商之手，詳序其先世，乃但及無擇，不及敬。豈有以敬之位三公，死國事，而不一及之者？故愚又轉疑别是一馮，出自别望，殆非馮無擇子也。然則宋祁固誤，如淳之説亦尚自可疑也。若景帝時，又有雁門太守馮敬，死於匈奴，則又是一人矣。

問：《史》《漢》皆以爰、鼂合傳，先生謂其失史法。竊意是不過以其同争七國事而合之耳，非以其人同道也。

答：晁錯雖以急切更張，蒙謗殺身，然其料七國，則非過也。爰盎直是小人之尤，以私怨欲殺錯，而使漢戕三公以謝過於逆藩。即令七國之師可罷，而流極之勢，將使諸王成唐末鎮將之悖，害國是何等。其罪一也。况又料事不明，卒不能罷吴師。其罪二也。奉使不能結約，計惟慷慨責吴、楚，一死以謝錯，乃抱頭鼠竄，辱國不一而足。其罪三也。幸而景帝護前，得以不問，不然盎赤族矣。觀盎之生平，巧詆絳侯，面折申屠嘉相，總欲掀大臣而奪之位，故淮南王長之事，亦勸文帝誅三公，直是小人之尤。其引慎夫人席，及争梁王事，不足以贖其大罪。史法但當附見之《晁錯傳》中，錯則功罪固自不相掩也。

問：《史記》以張、馮爲一傳，汲、鄭爲一傳，《漢書》合之。東發先生嘗謂汲、鄭不應合傳矣，不知張、馮何如？

答：汲長孺在漢時無倫輩，鄭莊固不敢望，况莊有引桑宏羊之罪乎？張釋之是名臣，而亦非汲之儔，馮則并非張之比矣。張可與田叔作合傳，而馮附之。汲當作專傳。鄭應附韓安國、兒寬一輩傳中。大抵《史記》習氣，但就一節紐合。張晚年不用於景帝，馮亦老困，故合之。汲、鄭亦以其失勢後之寂寞。

問：鄒陽《上吴王書》：「越水長沙，還舟青陽。」劉仲馮曰：「青陽吴地。」是否？

答：青陽即長沙。始皇詔書所云「荆王請獻青陽以西」是也。仲馮誤矣。

問：《史記》竇、田爲一傳，附灌夫，韓安國自爲一傳，《漢書》合之，是否？

答：《史記》固非，《漢書》尤爲不合。竇、田薰蕕相去遠甚，竇本不以外戚得封，自以七國時功而争梁王，争栗太子，其大節甚著。在景帝時，當與條侯作合傳，晚節不善處進退之間，自是無學術，然安得謂之凶德，而使與田蚡同列？田蚡特豎子，無一可稱，晚有交通淮南之大逆，衹合黜之在《外戚傳》。

史公生平習氣，喜道人盛衰榮枯之際，以自寫其不平，而不論史法。故以灌夫之故，強合竇、田爲一傳。《漢書》則因韓大夫在東朝，與議竇、田之獄而并牽合之，尤非也。安國祇應與鄭莊輩合傳。

問：韓安國爲梁内史，説長公主以免梁王於詭勝之禍，見《梁王傳》，亦見《鄒陽傳》。而安國之傳則分爲二，其説長公主，乃爲中大夫時，梁王僭用天子警蹕致帝怒，事在詭勝人梁之前。及安國免官，復起爲内史，詭勝殺袁盎致禍，則安國不過勸王殺此二人，而未嘗更用長公主之力也。三傳相矛盾。

答：梁王用警蹕，未嘗干景帝之怒，及殺袁盎始得罪，則是安國之勸殺詭勝，復營救於長公主以免禍，蓋是一事。其分爲二者，誤也。

問：《長沙定王傳》應劭注，王以舞得益地，信否？

答：是妄言也。武陵、桂陽，並未嘗屬長沙，而零陵至武帝始置郡，安得

如劭所言？

問：衛青冢象廬山，師古無注。廬山是何地之山？

答：但以祁連山例之，則是塞外之山。胡梅磵曰：『揚雄所謂填廬山之壑者也。』按匈奴中有奚苻廬山，見《趙充國傳》。

問：杜周爲執金吾，治桑、衛獄。亭林先生謂衛太子獄在周卒後四年，桑大夫獄在周卒後十五年。班生之謬，一至此乎？

答：周爲金吾，正是武帝作『沉命法』時，當是以此見長而至三公，而史誤以桑、衛之獄當之。

問：《戾太子傳》以賓客多異端，歸咎於博望苑之立，蓋以爲巫蠱張本也。巫蠱既是江充之誣，則於戾太子何與乎？異端之説，似乎成敗論人矣。

答：戾園始終不見有賓客生事者，其後起兵，亦祇一石德主謀。石德謂之不學無術則可，謂之異端則非也。此爲史臣之附會無疑。《通鑑》載戾園處疑畏之中，極其詳悉，乃知戾園固無過，而武皇亦尚未失父道。天降厄運，生一江充以禍之。但《通鑑》此條，絶不知其何所出，《考異》中亦不及西京事。除班書外，唯褚先生補《史記》，偶有異同，而《荀紀》則本班氏。温公不知采之何書，大足改正班史，而惜胡梅磵亦未嘗一考及也。

問：《東方朔傳》，何其言之龐也。

答：《史》《漢》皆喜於文字見奇詭，而不論史法。《漢書》校《史記》略減，然如《司馬相如》《東方朔傳》仍所不免。以史法論，朔之斥吾丘，麾董偃，戒侈奢，其生平大節，三者已足，何得滑稽之娓娓乎？其實文字亦不尚此穢語。

問：班氏稱梅福繼嗣封事，合乎大雅，信耶？

答：子真早犯王鳳，晚逃王莽，斯爲孤飛之鴻，而謂封二王之後，足以得繼嗣，則其言失之於愚。成帝之荒淫，豈以二王無後故絶嗣乎？班氏稱之，抑又愚矣。

問：以霍光爲霍叔苗裔，得非附會？

答：班氏如此謬語最多，以韓增之貴盛，爲本於周烈；以杜延年之貴盛，爲本於唐杜世祿。以霍光爲霍叔後，可謂無恥之言，褚少孫以爲霍太山之靈生光，可嗤一也。

問：王、貢合傳，東發先生謂其不應次之四皓、鄭、嚴之後固已。但王、貢亦似不類於龔、鮑，而龔、鮑尤不屑同群於紀唐，班氏合傳，豈非大舛？

答：王、貢二人本異，王之風節高，而貢乃石顯之私人，蓋韋元成、匡衡一流也。但以彈冠一事合之，則王受玷矣。王宜自爲傳，移貢於韋、匡傳中。

龔、鮑合郭、蔣、薛、方等爲一傳，紀、唐但應附見《莽傳》中，則得矣。李杲堂先生嘗別撰《西京忠義傳》四卷，首以王章、劉向，繼以何武、鮑宣、王安、辛氏三子、翟義、張元，皆死莽者；又繼以彭宣、王崇、梅福、邴漢、陳咸、逢萌、龔勝、龔舍、孔休、薛方、郭欽、蔣詡、栗融、禽慶、向長、蘇章、蔡勳，皆不仕莽者；而諸劉之死者，并劉宣另爲一卷；其末卷，則李業、王嘉、王皓、譙元，皆不仕莽，而其後死於公孫述，曹竟死於赤眉。足以補班氏之遺。

問：翼奉勸遷都成周之説，亦似不切時務。

答：奉乃術數之士，蓋見洛都之有王氣，而有此言，而不知元、成、哀諸帝不足以當之也。所以術數之士，未必竟無所知，然不足恃。向令是時果聽其言，庸足救西京之亡乎？

問：厚齋先生曰：『魏相以《易》相漢，能上陰陽之奏，而不能防宦戚之萌。匡衡以《詩》相漢，能陳《關雎》之義，而不能止宦寺之惡。』義門謂魏不可與匡並論。然否？

答：魏、匡自是截然二等。魏有得有失，匡則小人而已。漢人原無能以經術爲宰相者，魏亦安敢曰以《易》相乎？厚齋譏魏由許氏恩餘之臣以自通，以致末流不能止宏、石之惡。義門謂魏之由平恩，蓋以發霍氏之奸，未可深咎，其説亦是。但宣帝以刑餘爲周、召，而魏無一言，則厚齋之責備，固難免矣。義門雖欲爲之左袒，安可得乎？若匡又何譏焉。

問：王商、史丹、傅喜合傳，先生議之，願求其故。

答：王、傅可合，史不可合，世但讀史丹本傳，盛稱其擁戴成帝之功，遂以爲賢者。不知附會王鳳以排王商，實皆史丹爲之魁也。史高排蕭望之、劉向於先，丹排王商於後，班史不能寫出此一層，故史丹但宜入《外戚傳》。

問：《翟方進傳》，以翟氏之亡爲壞鴻隙陂之報。其言近於附會，然否？

答：方進壞陂，自是不合，然以此爲其滅宗之所自，則忠臣志士，自此氣短，非君子之言也。方進生平極醜，不應有此佳兒。若以壞陂得此報，則所以報之者，反榮之矣。總之，班氏賤守節，故於《王章傳》載其妻牛衣之語，而末又述其合浦采珠之事，甚陋。李杲堂曰：『王章之妻庸人，遇班氏庸史而傳。』《龔勝傳》載老父天年之語，亦害大道。杲堂曰：『老父與草木同腐，天年雖永何益？』至論翟義爲不量力，尤悖。

問：美新投閣，或以爲谷永，或以爲劉、揚，而以揚子年祇七十有一，不逮天鳳五年。是否？

答：是皆愛莽大夫之甚，而曲爲之脱者。蓋揚子年四十餘而入京，成帝方郊祀甘泉，是永始四年也。次年，而王根秉政，薦之，是確鑿可據之文也。由永始四年至天鳳五年，計三十年，揚子以四十餘入京，又三十年，正七十一，何年數之不符也？今必欲諱其莽大夫之恥，以爲不逮事莽，乃自成帝建始元年數之，則移揚子入京之歲在二十年前，自可從而爲之辭矣。夫建始初元王鳳秉政，非王根，成帝並未祀甘泉，揚子枯坐京師二十年，以待王根之薦乎？故爲揚子辨者，不甚讀書，而徒費此苦心也。若谷永則死於王根之世，有明文，而又移而後之。二千餘年之故鬼，爲諸公顛倒壽算，悲夫！

問：義縱以揚可爲亂民，此事甚可傳。

答：《酷吏傳》中，二人頗當洗雪：郅都無一事不可傳，祇爲凌逼臨江王致死，遂入《酷吏》。義縱無一事不當死，祇有誅揚可，宜入《名臣》。論世者不可不知也。

問：《史記·貨殖傳》詳及周、秦貨殖諸公，宜也。班氏斷代爲史，何以不去？

答：此先儒所已言者，但頗不然。班氏之文，自傳首以至陶朱、子貢等六人，因及秦、漢之制，富家計然之略，通爲一篇，是敘次貨殖之緣起，非傳也。至程、鄭、卓王孫，始是本書之傳。今本誤割裂之，以六人皆各爲一傳，則直與《史記》複矣，非班氏本書之敘次也。錢塘施太學廷樞善考古，亦以予言爲然。

問：西河漕中叔以游俠爲王莽所惡，捕之卒不能得，斯其人始非凡兒也。

答：游俠至宣、元以後，日衰日陋，及巨君時，樓護、原涉之徒，無足稱矣。中叔得罪於莽，殆是何、武、鮑宣之客，而又冥鴻遠去，不爲甄、哀等所羅織，其本領甚高，惜乎班氏序之不詳。要之，足稱朱家、劇孟後一男子。

問：據《水經注》，丁姬墓不甚毀，而史言周棘其處，以爲世戒，何也？

答：莽所最恨者傅后也，元后所最恨者亦傅后也。丁姬則無之，故周棘者，傅后之陵，而丁姬得末減，不過取其太后之璽綬而已。史概言之，誤矣。

問：丁明爲大司馬，與傅晏同時，世無稱焉。而先生進之何、鮑諸貞臣之列，願聞其說。

答：丁、傅當時並稱，其實擅權者傅氏，而丁氏無聞焉。細考之，則丁明乃賢者，史稱其爲大司馬，能任職，與丞相王嘉善，見其死而憐之。又惡董賢，而卒之爲賢所排，則明之賢可知。莽將篡國時，明在侯國，而莽殺之。當時雖賢如傅喜，尚不爲莽所忌，而獨忌明，則明之賢可知。蓋莽於丁、傅二后，惡傅不甚惡丁，而於二后之族，則惡丁反甚於惡傅，可以知明之正色立朝矣。愚序李氏《西京忠義傳》，始表章之，以補班氏之遺。

問：陳咸避莽事，詳見於范史《陳寶傳》，謂咸以莽未篡時，已去尚書之任。莽篡，以掌寇大夫召之，不應。《通鑑》采之，而《莽傳》則咸已在掌寇之任，但不久而去，其事不同。

答：范史所據者，殆是陳寶家傳，或推崇其先世而過美其詞，恐是《莽傳》

爲得實。如范史所言，風節固極高，即如《莽傳》，亦不失爲見幾補過之君子，可以附之龔、鮑之後也。

問：何武、公孫，欲排莽於平帝之初，互自相舉。武竟死國，而祿晚應莽之徵，則庸人耳，武之舉祿，誤矣。

答：二人欲排莽而互自相舉，便自貽人口實，祇此可以見其無才，即令爲大司馬，亦不能辨莽也。蓋何武是德優而才短，若祿更不足言矣。李杲堂曰：『高春餘景，俯首僞庭，内負宿心，外慚良友。』名言也。

問：謝承《後漢書》，豫章太守賈萌討王莽而死。《太平御覽》引《安成紀》，謂萌與安成侯張普争地而死。而《莽傳》則萌以九江連帥，爲莽拒漢而死。誰是？

答：恐是《莽傳》爲是。倘如謝《書》，則翟義之流矣。莽之九江即漢之豫章，而連帥即太守也。

問：尉它之地，自大庾而西，奄有七郡，蓋盡得南荒矣。《水經注》亦載其以次子婿安陽，因併其國。安陽即交趾也。而先生以爲尉它祇得東粤之地，稍及於西粤，而此外非其所有。願求所據。

答：《水經注》之事甚誣，不足信。蓋是時尚有蒼梧王趙光，乃它弟，則自蒼梧以西，即非它有，是它尚未盡今東粤一省之疆域也。而《功臣表》有南粤桂林監，則它之地，固有犬牙錯入西粤界中者矣。它之地，不過西至桂林，而桂林以東尚有在蒼梧國中者，安得并交趾、日南、九真而屬之乎？蓋是時蒼梧以西，號曰西甌，别有國族，它於《上漢文帝書》中明言之，它特臣服之而已，非能并有其地也。且交趾是時國名西干，明見《功臣表》，不鄏侯黄同以擊斬西干王功封，則交趾别自有王之明文矣，何嘗名曰安陽乎？漢平南粤，因以兵乘勢并取諸國，故牽連敘之，而遂以爲是皆它之地。誤矣。

問：漢宣帝初，嚴延年劾霍光。厚齋《困學紀聞》引沙隨謂：『延年女羅紨爲昌邑王妻，生女持轡，惟漢人風俗之厚，故不以爲嫌。』先生以爲失言。按沙隨多學大儒，厚齋尤精於論古，而此事明見《昌邑王傳》，似無可疑者。何所見而以爲非也？願聞其說。

答：是時有二嚴延年：其劾霍光者，時爲侍御史，後爲太守，坐誅，《漢書》有傳，字次卿。其以女適賀者，乃執金吾也，見於《漢書·百官公卿表》，字長孫，故《昌邑王傳》特稱其長孫之字以別之。二先生之多學，非後人敢竊議，而於此事，則失之。

問：荀氏《漢紀》，並無增加於班史之外者，獨《文帝紀》中言韋孟嘗爲御史大夫，並不見於班史《韋賢傳》。敢問所出。

答：此荀《紀》之妄也。《百官表》中，文帝四年，有御史大夫圍意者，荀《紀》所誤據與？文帝時以庶寮至三公者，自馮敬始，前此皆功臣也。

問：《說苑》：諸御已陳，楚莊王曰：『陳不用子家羈，而楚併之。』此別是一子家羈也。然莊王以前，楚安得有併陳之事？

答：《說苑》中若此者，不勝詰，直不足詰。陳何嘗有子家羈，而莊王以前，陳尚從齊於九合，楚安得遽并之？春秋唯陳之賢臣最少，女叔、原仲，亦無甚事跡。泄冶、鄧元，一死一去，而鄧元亦不見於《左傳》。今忽以子家羈爲陳產，中壘之移東接西，漫無考證，遂至於此。

問：陸賈《新語》，今世所傳無完書。《漢志》置之儒家，則是可與荀況肩隨。當必有說。

答：《漢志》儒家收得最雜，如劉敬、朱建皆在焉，不但陸郎也。但《論衡》引《新語》曰：『天地生人，以禮義之性，人能察己，所以受命則順，順之爲道。』此數語，頗有儒者風，今本無之。

問：《七録》數九主，以爲勞君最上，終以寄君，其説不倫，似非中壘之言，然否？

答：以禹、稷爲勞君，自足稱上。然無爲而治者，將不更在上乎？其言法君等俱無義，以授君爲禹之授益，子噲之授子之，尤背，是何相比之不倫也？

張南漪曰：『秦、隋二帝並勞君，豈亦謂之上耶？』

問：《子華子》，世皆以爲贋書，而水心先生篤信。是何説也？

答：水心講學，雖不合於朱子，然其卓然之見，不可謂非魁儒。至於極口稱《子華子》，則好奇之過矣。

問：《孔叢子》，世亦以爲贋書。然否？

答：不敢謂其爲西京之書，亦并不類東京之書，然東發先生有言，其文筆雖卑弱，而義理頗醇。

問：《廣東新語》以韓瑗爲粵產，是否？何以與本傳不合？

答：黄門之非粵產，斷然無疑。據《宰相世系表》，其先在漢時居赭陽，是楚產。據本傳，則唐時已爲三原人，是秦產。而黄門爲潁川公仲良之子，即襲其爵。潁川爲後周三水伯褒之子。當宇文時，五嶠阻隔，安得粵人北仕者？然則何以有此傳聞也？曰：黄門得罪之後，謫其子孫於廣州，意者後人留居嶺外，遂以成訛也。

問：安成侯竇充，是漢文帝竇后父，遷、固皆失其名，乃見於《唐史》，而别乘以爲竇消，不亦妄乎？

答：遷、固皆不志竇侯之名，自是無考。若《唐史》，則一見於《宰相世系表》，再見於《竇建德傳》，此本之《竇氏世譜》，而不足爲據。按《決録》志竇長君之名爲建，而不及其父。使有可考，則《決録》不應遺之矣。唐人早已造竇侯之名，而宋之圖經又别爲之，則甚矣其不學也。

問：韓氏，《宰相世系表》四人，瑗爲一族，休、滉父子爲一族，宏爲一族，祇應三表，而今有四。何也？

答：是歐公之誤也。退之一支，其家無作宰相者，而今亦入之，故有四篇。《宰相世系表》之誤甚多，如劉氏，則失去幽求之世系，而韓氏不應有愈之世系。又官爵名字，多出六朝譜系之造作，蓋不可以縷陳也。

問：《五代史·鄭遨傳》，遨故與李振善，後振仕梁貴顯，欲祿遨，遨不顧，後振得罪南竄，遨徒步千里往視。按《李振傳》無南竄事。

答：據《振傳》，在唐時嘗自金吾將軍出爲台州刺史，非以罪竄，特是左遷。然亦未嘗之任，而即以其時去投梁。今云仕梁之後嘗南竄，則謬也。

問：《伊洛淵源録》以范正獻公淳夫爲程子弟子，朱子亦疑之，而仍存之，先生始言其決非程門，何所據？

答：以淳夫爲程門，本於鮮于綽。然淳夫集中，絕無可證。淳夫但於温公稱門生，伊川則未之聞也。其薦程子疏，並不言是師弟，而陳默堂集，有《答淳夫後人書》曰：『以某所聞於龜山，乃知先給事之學，與程門無不同。』觀此言，則非師弟可知矣。

問：淳夫之謚，《宋史》不見，未知定於何時？

答：淳夫謚，見於魏鶴山集，當是乾淳中所賜。元城先生謚，亦在此時。紫薇言淳夫爲人，極肖婦翁吕申公，而身後之謚與之同。想當時議謚者，亦采紫薇此段公案也。

問：退之謂荀、揚爲大醇，若是班乎？抑其中又有差也。

答：荀子醇疵相間，然不可謂非孟子而下一人，故《史記·孟荀列傳》可謂有見。揚子之學出於老氏，其源流本各殊，而粉飾之以孔氏，故荀子之參差於孟子，自是其病，而正亦是其本色所在，不肯附會。揚子摹擬諸經，乃是其摹擬司馬相如作賦之餘技，其中無得。蓋揚子之學，其於老氏亦淺。須知得老子之道者，漢初莫如張良，是以老氏之學成經濟；次之則汲黯，是以老氏之學成氣節；又次之則東陵侯、蓋公之徒，是以老氏之學善其進退存亡於一身；最下斯爲揚子，其流極便是馮道。何可與荀子争軒輊也？

文華叢書

《文華叢書》是廣陵書社歷時多年精心打造的一套綫裝小型開本國學經典。選目均爲中國傳統文化之經典著作，如《唐詩三百首》《宋詞三百首》《古文觀止》《四書章句》《六祖壇經》《山海經》《天工開物》《歷代家訓》《納蘭詞》《紅樓夢詩詞聯賦》等，均爲家喻户曉、百讀不厭的名作。裝幀採用中國傳統的宣紙、綫裝形式，古色古香，樸素典雅，富有民族特色和文化品位。精選底本，精心編校，字體秀麗，版式疏朗，價格適中。經典名著與古典裝幀珠聯璧合，相得益彰，贏得了越來越多讀者的喜愛。現附列書目，以便讀者諸君選購。

文華叢書

書目

文華叢書書目

人間詞話（套色）（二册）
三字經·百家姓·千字文·弟子規（外二種）（二册）
三曹詩選（二册）
千家詩（二册）
小窗幽紀（二册）
山海經（插圖本）（三册）
元曲三百首（二册）
元曲三百首（插圖本）（二册）
六祖壇經（二册）
天工開物（插圖本）（四册）
王維詩集（二册）
文心雕龍（二册）
文房四譜（二册）
片玉詞（套色、注評、插圖）（二册）
世説新語（二册）
古文觀止（四册）
古詩源（三册）
四書章句（大學、中庸、論語、孟子）（二册）
史記菁華録（三册）
史略·子略（三册）
白居易詩選（二册）
老子·莊子（三册）
列子（二册）
西厢記（插圖本）（二册）
宋詞三百首（二册）
宋詞三百首（套色、插圖本）（二册）
宋詩舉要（三册）
李白詩選（簡注）（二册）
李商隱詩選（二册）
李清照集·附朱淑真詞（二册）
杜甫詩選（簡注）（二册）
杜牧詩選（二册）

文華叢書

書目

辛弃疾詞（二册）
呻吟語（四册）
花間集（套色、插圖本）（二册）
孝經·禮記（三册）
近思録（二册）
林泉高致·書法雅言（一册）
東坡志林（二册）
東坡詞（套色、注評）（二册）
長物志（二册）
孟子（附孟子聖迹圖）（二册）
孟浩然詩集（二册）
金剛經·百喻經（二册）
周易·尚書（二册）
茶經·續茶經（三册）
紅樓夢詩詞聯賦（二册）
柳宗元詩文選（二册）
荀子（三册）
姜白石詞（一册）

秋水軒尺牘（二册）
唐詩三百首（二册）
唐詩三百首（插圖本）（二册）
酒經·酒譜（二册）
孫子兵法·孫臏兵法·三十六計（二册）
格言聯璧（二册）
浮生六記（二册）
秦觀詩詞選（二册）
笑林廣記（二册）
納蘭詞（套色、注評）（二册）
陶庵夢憶（二册）
陶淵明集（二册）
張玉田詞（二册）
曾國藩家書精選（二册）
飲膳正要（二册）
絶妙好詞箋（三册）
菜根譚·幽夢影（二册）
菜根譚·幽夢影·圍爐夜話（三册）

閑情偶寄（四册）
夢溪筆談（三册）
傳統蒙學叢書（二册）
傳習録（二册）
搜神記（二册）
楚辭（二册）
經史問答（二册）
經典常談（二册）
詩品·詞品（二册）
詩經（插圖本）（二册）
園冶（二册）
裝潢志·賞延素心録（外九種）（二册）
隨園食單（二册）
遺山樂府選（二册）

管子（四册）
墨子（三册）
論語（附聖迹圖）（二册）
樂章集（插圖本）（二册）
學詩百法（二册）
學詞百法（二册）
戰國策（三册）
歷代家訓（簡注）（二册）
顏氏家訓（二册）
*骨董十三説·畫禪室隨筆（二册）
*珠玉詞·小山詞（二册）
*雪鴻軒尺牘（二册）
*蕙風詞話（三册）

（*爲即將出版書目）

★爲保證購買順利，購買前可與本社發行部聯繫
電話：0514-85228088　郵箱：yzglss@163.com